現代
簿記会計の基礎

郡司　健・加納輝尚・伊賀　裕【編著】
Gunji Takeshi　Kanoh Terumasa　Iga Yutaka

中央経済社

はしがき

簿記会計は「事業の言語」といわれ，企業経営に不可欠の手段である。簿記会計が解れば，企業・経営が解り，経済・社会の理解がより一層深まる。本書は，簿記の初学者がまず簿記の基礎を理解し，次いで基礎からさらに簿記会計の中級へ進もうとする人達が簿記会計を包括的に把握し，初級から中級レベルの簿記会計の理論と技術を身につけることを目的としている。

その内容・構成については，日商簿記検定に関する「商工会議所簿記検定試験出題区分表」(2019年度適用）に準拠して，3級から2級の基本的部分の要点を平易に解説することを目指している。さらに，補章では，第三の財務諸表とも称されるキャッシュ・フロー計算書および財務諸表分析の基礎について簡単に説明している。

本書により，簿記会計の基本的なスキルを着実に身につけ，広く実社会で簿記のスキルを活用できるようになり，加えて，簿記会計に対する関心・興味を刺激し，高度な学習の足掛かりとなれば，望外の喜びである。

本書の作成にあたっては，加納輝尚氏・伊賀裕氏の多大の尽力により編集作業を行うことができた。本書の執筆者はこれまでも毎年研究会を開催し，すでに簿記会計書や簿記問題集を共同して作成した経験を有している。

本書の出版にあたって，多大のご理解とご支援をたまわった中央経済社社長山本継氏はじめ同社の方々とくに学術書編集部の長田烈氏には深甚の謝意を表します。

令和２年２月

編著者代表　**郡司　健**

目　次

第12章　決算手続　93

第13章　株式会社の設立と処理　109

第1章

簿記の基礎

I　簿記の意義

1　簿記とその発展

簿記（bookkeeping）は，帳簿記録を略称したものであるといわれる。この場合の帳簿は，一定の記帳法則に従って，一定の目的のもとに有機的な関連性をもって体系的に記録される帳簿である。そこでは，特定の出来事の増減変化（取引）を借方（左側）と貸方（右側）とにそれぞれ2面的に記録する勘定式計算が用いられる。

簿記には，**単式簿記**（single-entry bookkeeping）と**複式簿記**（double-entry bookkeeping）とがある。**単式簿記**は，古代文明の発祥とともに，おもに王家さらに国家・政府の財産・財政管理のための記録手段として発達してきた。単式簿記は，金銭を含む財産の増減記録を中心とするものであり，現在でも官庁会計（公会計）においておもに使用されている。

他方，**複式簿記**は中世イタリア諸都市の商人によって使用された簿記法を起源とする。現在残っている最も古い書物としては，**ルカ・パチオリ**（Luca Pacioli）の数学書『ズムマ』（『算術・幾何・比および比例全書（Summa de Arithmetrica Geometria Proportioni et Proportionalita)』，1494年）のなかに見いだされる。

複式簿記は，ヨーロッパ各地へ伝播し，当初はおもに事業の損益計算と財産管理のための手段として，事業主への報告のために企業内部において使用された。この複式簿記が，今日では外部報告においても重要な記録作成手段つまり情報処理手段として使用されるようになった。複式簿記は企業の簿記として使用されるところから，企業簿記とも呼ばれる。それは，損益の記録を含むことが，単式簿記と大きく異なっている。

簿記とくに**複式簿記**は，帳簿記録とこれから誘導作成される報告書を通じて企業における情報の受理・処理・伝達のための重要な手段となる。ここにいう帳簿は，前述のように一定の記帳法則に従って，有機的な関連性をもって体系的に記録される帳簿である。

簿記の記録計算にあたっては，取引を借方・貸方の２面的に記録計算する方法がとられる。借方・貸方の２面的に記録する場所のことを勘定といい，その形式をＴ字型（Ｔフォーム）あるいは勘定形式という。この勘定を使う計算は勘定式計算と呼ばれる。

なお，わが国で複式簿記について翻訳公表されたのは，明治６年（1873）の大蔵省『**銀行簿記精法**』と，明治７年（1874）の福澤諭吉『**帳合之法**』（第二編）によってである。前者は銀行簿記，後者は一般の企業簿記における最初の複式簿記を紹介した書物として位置づけられる。

2　会計と簿記

会計（accounting）とくに企業会計は，主として企業に生起した経済的事実を会計特有の記号・数字等を用いて記録計算し，これを会計報告書として作成し，情報利用者たる各種利害関係者へ伝達する。簿記は，帳簿記録によって必要な情報（取引資料）を受理し，処理する中核的な手段となる。

簿記はおもに一定の勘定体系と帳簿組織とによる帳簿記録の技術的・手続的側面にかかわるのに対し，会計は，会計報告書によって企業・事業体に生起した経済的事実を真実かつ適正に描写し，これをおもに企業の経営者や企業外部の利害関係者に伝達することを主たる目的とする。

Ⅱ　簿記会計の計算原理

1　勘定式計算

簿記や会計では経済価値の増減を借方と貸方に分けて計算する。これを勘定式計算という。勘定式計算は，それぞれの側において加算を中心とし，減算するときはその勘定の反対側に記載する方法である。それは，単一の欄で直接的に加減算をおこなう算術計算とは異なる計算方式である。ここでは，次のような算術計算に対して勘定式計算を示してみよう。

⑴　算術計算

算術計算では取引の増減が単一の欄で増減が記録計算される。ここでは簡単な現金の増減を算術計算で示せば次のようになる。

1/1	期首残高	80
2/12	支　　払	－50
4/15	入　　金	150
8/25	支　　払	－120
10/30	入　　金	90
	期末残高	150

⑵　勘定式計算

勘定式計算では，例えば，ある価値物の増加が借方（左側）に記録されるなら，その減少は反対側つまり貸方側（右側）に記載される。そして，最終的に借方（左側）合計と貸方（右側）合計とが等しくなるように，差額がその少ない側に記載される。これにより，結果的に借方と貸方とが等しくなる。つまり勘定式計算では，増減差額は少ない方の側に記録（加算）され，結果的に借方合計と貸方合計とが一致するように処理される。これは，「**貸借一致の原理**」とか「**貸借平均の原理**」と呼ばれる。ここでは上記の現金収支の算術計算を，現金という勘定で処理すれば次のようになる。

(借方)		現　　金	(貸方)
期首残高	80	2/12	50
4/15	150	8/25	120
10/30	90	期末残高	150
	320		320

なお，この借方と貸方は，本来，「借り手」と「貸し手」を意味していた。しかし，企業の取引が複雑になるにつれてすべてを借り手と貸し手として説明することが困難になり，今日では単に左側と右側を意味するようになった。

2　簿記会計の基本的前提

このように勘定式計算では，例えば増加が借方に記載されるなら，その減少は同じ借方側において直接差し引くのではなく，反対の貸方側に記載する。つまり，簿記会計では経済価値の増減を借方・貸方に区分して記録する勘定分類ないし貸借分類を基本的な前提とする。

勘定式計算が成り立つためには，すべての数量がおなじ単位で表示される必要がある。異なる単位—例えばキログラムとメートル，リットルと時間—では勘定内および勘定間の数値を加算することはできない。いいかえれば各勘定について共通の測定単位が用いられる必要がある。すべての勘定が共通する尺度で測定されないと企業・組織全体の活動を集計し処理することができない。それは，測定にあたり貨幣金額を用いること，つまり貨幣的測定によって達成される。共通的統一的尺度として貨幣単位を用いることにより，様々の事物や事象が共通尺度で測定評価され加算・統合できるようになる。

このように**勘定分類**（貸借分類）と**貨幣的測定**とは，簿記会計の基本的前提つまり**公準**（postulate）として位置づけられる。さらに，複式簿記は企業簿記とも称されるように，企業体の立場から企業の計算を個人の計算（家計）から分けて計算する。また，毎期継続する企業を対象とし，会計期間を区切って記録計算が行なわれる。このことから，企業体の立場と継続企業も，簿記会計の基本的前提（公準）として位置づけられる。

3　基本的な会計報告書 ―貸借対照表・損益計算書―

⑴　複式簿記と財務諸表

有機的な関連性をもって体系的に作成される会計報告書は，とくに財務諸表と呼ばれる。そのなかでも最も基本的な財務諸表は，**貸借対照表**（B/S, Balance Sheet）と**損益計算書**（P/L, Profit & Loss Statement）である。この２つの財務表は，複式簿記から有機的な関連性をもって誘導作成される。

複式簿記では，主要な帳簿（主要簿）として「**仕訳帳**」と「**元帳**」が用いられる。これにより，企業や事業体に生起した経済的事実つまり取引をまず仕訳帳に記録（仕訳）し，さらにこれを元帳における関連する勘定ごとに転記（勘定記入）する。そして各勘定の金額は，一定期間に区切って，必要であれば決算整理を施して，試算表に集計される。この試算表から，貸借対照表と損益計算書とが有機的関連性をもって誘導的に作成されることになる。

〈複式簿記と会計報告書〉

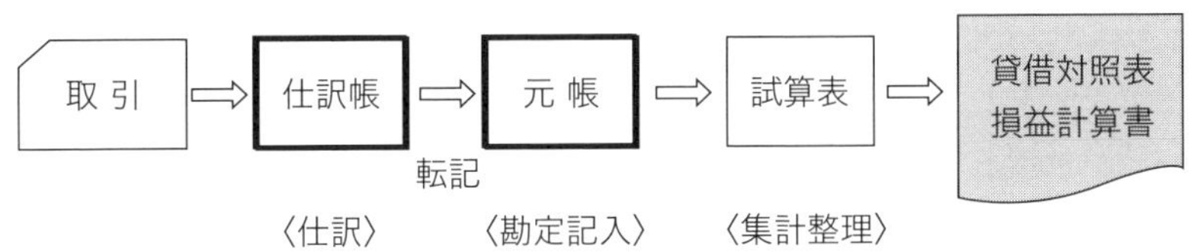

ここで貸借対照表と損益計算書とは次のような要素からなる。

（借方）　貸借対照表	（貸方）
資　産	負　債
	純資産

（借方）　損益計算書	（貸方）
費　用	収　益
純利益	

(2) 貸借対照表

貸借対照表は，一定時点（決算日）における資産の諸項目を借方に，負債および純資産の諸項目を貸方に勘定形式で表示する。資産・負債・純資産のより具体的な内容を示す項目として，通常，勘定科目が用いられる。

① **資産**…企業が所有し支配している経済的資源であり，プラスの経済的価値物を示す。その項目（勘定科目）としては例えば，現金，売掛金，受取手形，有価証券，貸付金，商品（繰越商品），備品，建物，土地などがある。

② **負債**…将来返済しなければならない債務等の経済的負担であり，マイナスの経済的価値を示す。これには，例えば，買掛金，支払手形，借入金などがある。

③ **純資産**…資産の総額から負債の総額を差し引いた残余であり，ここには株主が払い込んだ資本（資本金）や純利益などが含まれる。

貸借対照表の借方側資産は，企業資金の運用形態を示し，貸方側負債は，第三者（債権者）からの企業資金の調達源泉を，また純資産は所有主からの企業資金の調達源泉をそれぞれ示す。企業資金の調達源泉と運用形態のことを**財政状態**という。貸借対照表は，一定時点における企業の財政状態を表示する。

(3) 損益計算書

損益計算書には，借方に一定期間の費用が，また貸方には一定期間の収益が，それぞれ具体的な項目によって示される。

① **収益**…一定期間の経済価値の増加であり，企業の努力の結果達成された効果である。これには，売上，受取手数料，受取家賃，受取利息などがある。

② **費用**…一定期間の経済価値の消費・使用（費消）であり，企業が収益を獲得するための努力を示す。これには，仕入（売上原価），給料，広告費，消耗品費，支払家賃，支払利息などがある。

このような費用と収益とを経営的努力とその経済的効果という因果関係に従って対応することによって企業の**経営成績**が明らかにされる。それゆえ，損益計算書は，一定期間の企業の経営成績を算定表示する。

(4)　貸借対照表・損益計算書の具体的な作成

例題によって貸借対照表と損益計算書とを具体的に作成してみよう。

例題1－1

次の当期末データに基づいて貸借対照表と損益計算書を作成する。

現　　金	¥200,000	商　　品	¥300,000	備　　品	¥240,000
車両運搬具	460,000	借 入 金	500,000	資 本 金	600,000
売 上 高	400,000	売上原価	200,000	給　　料	90,000
消耗品費	4,000	支払利息	6,000		

解答・解説

これより，貸借対照表は次のように作成される。

貸　借　対　照　表

資　産	金　額	負債・純資産	金　額
現　　金	200,000	借入金	500,000
商　　品	300,000	資本金	600,000
備　　品	240,000	当期純利益	100,000
車両運搬具	460,000		
資産合計	1,200,000	負債・純資産合計	1,200,000

ここで，商品は販売された商品を除いた残りの商品（繰越商品），備品は長期間使用する机・椅子・陳列ケース・パソコンなど，また，車両運搬具は商品等運搬用の自家用車・トラックなどであり，いずれも企業にとって役立つ経済的価値物である。これらはいずれも資産として借方に計上される。借入金は第三者（貸し手：債権者）から借り入れた資金であり，負債となる。資本金は所有主による出資金であり，当期純利益とともに純資産に属する。

損益計算書は，例えば次のように具体的な項目で示される。

損 益 計 算 書

費 用	金 額	収 益	金 額
売上原価	200,000	売上高	400,000
給料	90,000		
消耗品費	4,000		
支払利息	6,000		
当期純利益	100,000		
合 計	400,000	合 計	400,000

ここで，売上高は収益の項目である。これに対し，売上原価は売り上げた商品の元値（原価）である。また給料・消耗品費（文房具等）・支払利息（借入金等の利息）も経営活動における経営的努力であり，費用である。そして，収益が費用よりも大きい場合，純利益（当期純利益）となり，逆の場合には純損失（当期純損失）となる。この当期純利益（当期純損失）は貸借対照表においても算定され，貸方側に同額が計上される。

4 簿記の基本要素と試算表

上記のような財務諸表を作成するために，簿記の取引記録にあたっては，「資産」・「負債」・「純資産」・「収益」・「費用」の５つの要素を中心に記録計算がなされる必要がある。このような簿記の５つの基本要素を一覧表の形式で示すと次のようになる。この一覧表は試算表といわれる。この表の上半分が貸借対照表に，下半分が損益計算書にそれぞれ関係する。利益や損失は収益と費用との集計の結果計算されるので，基本要素からは除外される。

試算表

借方	貸方
資　産 1200	負　債 500
	純資産 600
費　用 300	収益 400

⇨

貸借対照表

借方	貸方
資　産 1200	負　債 500
	純資産 600
	（利益）100

損益計算書

借方	貸方
費　用 300	収益 400
（利益）100	

5　貸借一致の原理（貸借平均の原理）と自動検算機能

取引が行われると，取引が借方要素と貸方要素とに2面的に分解される。そして，そこで借方に記入される金額と貸方に記入される金額は常に等しくなる。すなわち，次の関係式が成り立つ。

借方記入金額 ＝ 貸方記入金額

これは，前述のように，「**貸借一致の原理**」とか「**貸借平均の原理**」といわれる。これによって，複式簿記における記録・計算の正確性が自動的に検証される。これを複式簿記の自動的検証機能という。試算表は，この原理に基づいて，勘定への記録が正しく行われたか否かを検証する役割を果たす。

第2章

簿記の基本原理

Ⅰ　簿記の基本的手続

1　簿記の基本的手続

簿記の基本的手続としては以下のように日常取引の記録（仕訳・勘定記入）と決算手続とに大きく区別される。

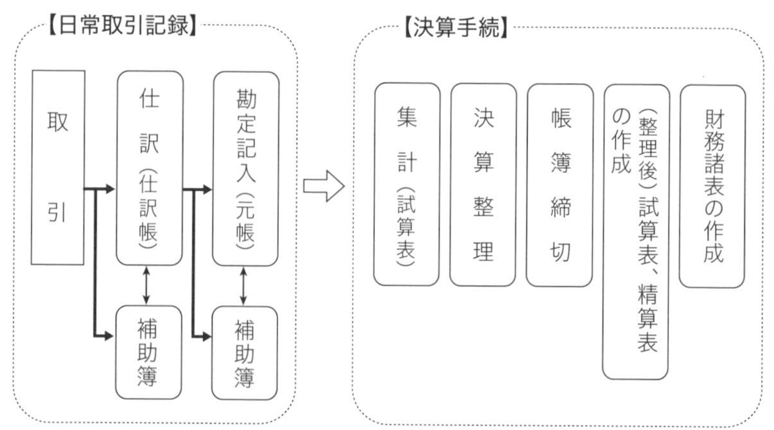

2　簿記上の取引

(1)　簿記上の取引と日常用語の取引

簿記上の取引は，資産・負債・純資産などの経済価値に増減変化をもたらすものをいう。収益・費用もまた，その発生・消滅が経済価値の増減変化をもたらすところから簿記上の取引となる。

これに対し，通常の**日常用語の取引**は，基本的にはビジネスにおける意思を持って意識的に行う行為である。もちろん商品の仕入れや売上げなど多くのものが簿記上の取引と合致することが多い。また，重要な契約や予約取引なども簿記上の取引に含まれるようになった。

他方，商品の盗難，火災や天災などにより建物や家屋などの資産が滅失した場合などは，資産に増減変化をもたらすものであるから，簿記上の取引として扱われるが，これは日常用語の取引とはいわない。

このように，日常用語の取引はおもにビジネスを中心とする意思的活動である。これに対し，簿記上の取引は企業が所有しあるいは支配する経済価値とその増減変化の記録を意味する。

⑵　簿記手続からの取引種類

簿記手続きからの取引の種類としては次のものがあげられる。

①　**開始取引**…記帳開始時に必要な記入のための取引である。

②　**日常取引**…日常的に行われる取引であり，そのつど取引ごとに仕訳帳に記載される。

③　**決算取引**…期末決算時に行われる取引であり，減価償却や商品の期末棚卸高の計算など，決算整理時に仕訳される取引である。決算期末に資産・負債・純資産の有高（次期繰越高）を確定し，費用・収益に関する各勘定の残高を集合損益勘定へ振り替えるなど帳簿の締め切りを行うための取引である。

このほかに収益または費用に関連する取引かどうかの観点から，損益取引，財産取引（交換取引），資本取引といった分類もみられる。

Ⅱ　仕訳・勘定記入のルールと帳簿組織

1　複式簿記の記帳法則

複式簿記は，企業に生起する経済的事実とくに記帳の対象となる事実を簿記上の取引として必ず借方と貸方とに分けて記録する（**複式記録**）。それは，より具体的には，以下のプロセスにおいて常に一貫して複式記録がなされることとなる。

① 仕訳帳への記入（仕訳）

② 元帳における各勘定科目への転記（勘定記入）

③ 一定期間末における試算表への集計・整理（決算整理）

④ 貸借対照表および損益計算書の作成

複式簿記は，非常に複雑な経済的事実が存在する場合でも，最終報告書としての貸借対照表と損益計算書とを，最も合理的・効率的に作成できるような形で仕訳・勘定記入と集計・整理がなされるようになっている。

2　勘定記入と元帳

複式簿記では，企業の取引活動を借方（左側）と貸方（右側）とに 2 面的にとらえて具体的に記録・計算するために，T 字型の形式を用いて行う。勘定への記録・計算にあたっては，ある項目（勘定科目）の借方が増加の場合，その減少は反対側の貸方に記載する。例えば現金（勘定）の場合，次のように記録される。

（借方）	現	金 勘	定 （貸方）
売上代金受取	700	給料支払	200
（現金の増加）		（現金の減少）	

主な勘定科目としては次のものがあげられる。

＜主な勘定科目＞

貸借対照表関係	資産の勘定	現金・売掛金・商品（繰越商品）・建物・備品など
	負債の勘定	買掛金・支払手形・借入金など
	純資産の勘定	資本金・繰越利益剰余金など
損益計算書関係	収益の勘定	売上・商品売買益・受取手数料・受取利息など
	費用の勘定	仕入・給料・広告費・消耗品費・支払利息など

3　仕訳と勘定記入のルール

(1)　仕　訳

勘定記入にさきだって取引をその発生順に記録することを**仕訳**といい，このための帳簿を**仕訳帳**という。仕訳は次の手順に基づいて行う。

① 取引の貸借分解…取引を借方要素と貸方要素に分解する。

② 勘定科目の決定…取引に該当する勘定科目を決定する。

③ 計上金額の決定…借方・貸方に記入する金額を決定する。

このように仕訳は，一定のルールに従って，借方と貸方にわけて記録を行い，この仕訳に基づいて勘定記入がなされる。

(2)　仕訳のルール（取引の８要素）

仕訳は，関連する勘定科目を用いてそれぞれの取引についてその発生順に記録する。仕訳のルールは，簿記の５つの基本要素の一覧表（試算表）の配置に従って次のように示される。

①　借方増加・発生項目（資産・費用）の増加・発生は借方に，その減少は貸方にそれぞれ記入する。

②　貸方増加・発生項目（負債・純資産・収益）の増加・発生は貸方に，その減少は借方にそれぞれ記入する。

これを図示すれば，次のような仕訳のルールが示される。

<仕訳のルール>

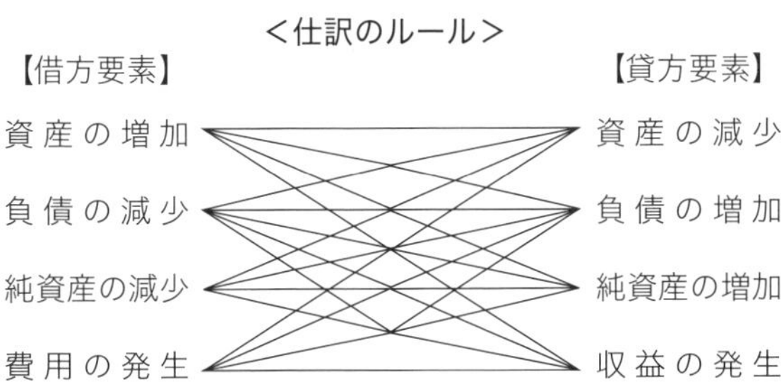

このような仕訳のルールは，借方・貸方合計8つの要素からなるので，「**取引の８要素**」ともいう。

(3) 転　記

仕訳（仕訳帳）から勘定記入（元帳）へ記録を移すことを「**転記**」という。仕訳から勘定への転記は，次の手順で行う。

① 日付を記入する。

② 借方に仕訳した勘定はその勘定科目の借方へ，貸方に仕訳した勘定はその勘定科目の貸方へその金額をそれぞれの仕訳の相手方の勘定（相手勘定）名とともに記入する。

③ 相手勘定が複数あるときは「**諸口**」と記載する。

ここでは次のような例を用いて説明しよう。

例題２－１

6月1日　備品￥18,000を現金で購入した。この取引を(1)仕訳し，(2)元帳へ転記しなさい。

解答・解説

まず，現金（資産）が減少して，備品（資産）が増加したので次のように仕訳する。

(1) 仕訳：

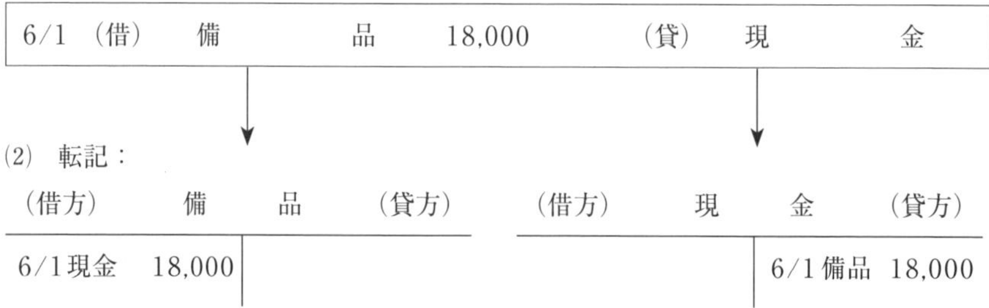

転記（勘定記入）にあたっては備品勘定の借方（増加），現金勘定の貸方（減少）に金額を記入（転記）する。負債勘定の場合は増加が貸方に，また減少は借方に転記される。

⑷　勘定記入のルール

現金・商品などの資産関係科目は増加が借方に，減少が貸方に記入される。借入金などの負債関係科目や資本金などの純資産関係科目は増加が貸方に，減少が借方に記入される。また，損益計算書における費用関係科目は発生（増加）が借方に，消滅（減少）が貸方に記入され，収益関係科目は発生・実現（増加）が貸方に，消滅（減少）が借方に記入される。

資産・負債・純資産・収益・費用の基本要素の一覧表（試算表）から，次のような勘定記入のルールが示される。

〈勘定記入のルール〉

(借方)	資　産	(貸方)
＋（増加）		－（減少）

(借方)	負　債	(貸方)
－（減少）		＋（増加）

(借方)	純 資 産	(貸方)
－（減少）		＋（増加）

(借方)	費　用	(貸方)
＋（発生）		－（消滅）

(借方)	収　益	(貸方)
－（消滅）		＋（発生）

仕訳および勘定記入のルールは，取引から貸借対照表および損益計算書をより合理的・効率的に誘導作成できるように考案・工夫されている（**誘導法**）。簿記処理にあたっては，資産・負債・純資産・収益・費用に関する様々な勘定科目を用いて具体的に仕訳と勘定記入がなされる。このような各勘定科目別に記入するための帳簿は，**総勘定元帳**あるいは単に**元帳**と呼ばれる。

4　帳簿組織 ―主要簿と補助簿―

(1)　簿記上の帳簿

簿記上の帳簿は，大きく**主要簿**と**補助簿**とに分かれる。

帳簿	主要簿	仕訳帳・元帳（総勘定元帳）
	補助簿	現金出納帳・仕入帳・売上帳・売掛金元帳・商品有高帳など

(2)　主要簿

仕訳やＴ勘定・Ｔフォームは，簡略化した形式であり，実際の仕訳帳や元帳は，以下のような形式を持つ。

①　仕訳帳…すべての取引をその歴史順（日付順）に仕訳する帳簿であり，**普通仕訳帳**ともいう。

仕　訳　帳

日	付	摘　　要	元丁	借　方	貸　方

「摘要」欄では，取引の仕訳とともに取引の内容について簡単な説明を「**小書き**」する。「元丁」欄は転記先の勘定口座の番号を記入する。

仕訳帳のこの形式は報告式と呼ばれることがある。これ以外にも借方・貸方の金額を左右に記録する勘定式もあるが，この報告式がよく用いられる。

②　元帳…勘定記入のための帳簿で，勘定科目ごとにまとめた帳簿を総勘定元帳という。これには勘定式と残高式という２つの形式がある。

【勘定式】

現　　金　　3

日	付	摘　要	仕丁	金　額	日	付	摘　要	仕丁	金　額

【残高式】

現　　金

3

日	付	摘　要	仕丁	借　方	貸　方	借/貸	残　高

勘定式は，中央から左側を借方欄，右側を貸方欄に二分したものであり，借方・貸方が左右対称に表される。残高式は，残高欄が設けられており，そのつどの残高を知ることができる。「仕丁」欄は，転記元の仕訳帳のページを示す。

(3)　補助簿

補助簿は，その取引数が多いか，その内容（金額・項目）が重要な取引については，その特定取引あるいは特定の勘定について明細な記録を行う帳簿である。例えば，現金出納帳，仕入帳，売上帳，売掛金元帳（得意先元帳），買掛金元帳（仕入先元帳），商品有高帳，手形記入帳などがあげられる。

第3章

簿記の手続概説

I　仕訳と勘定記入

ここでは次の例題を用いて仕訳と転記（勘定記入）について具体的に検討しよう。

1　取引事例

例題3－1

A株式会社はサービス業であり，受取手数料が主要な収益源である。

(1)　株主から現金¥150,000の出資を受け，A株式会社を設立し，営業を始めた。

(2)　資金が足りないので金融機関B銀行から¥50,000を借り入れた。

(3)　備品¥52,000を現金で購入した。

(4)　C株式会社より手数料¥40,000を現金で受け取った。

(5)　給料¥8,000と利息¥2,000を現金で支払った。

解答・解説

それぞれの取引については以下のように仕訳される。

(1)　株主からの出資金は資本金として処理する。現金は，資産の増加であるから借方に，また資本金は純資産の増加であるから貸方に記入する。

これより次のような開始仕訳がなされる。

（借）現　　金　150,000　（貸）資 本 金　150,000

(2)　現金の増加は借方に，借入金という負債の増加は貸方に記入する。

（借）現　　金　50,000　（貸）借 入 金　50,000

(3)　備品という資産の増加は借方，現金（資産）の減少は貸方に記入する。

（借）備　　　品　　52,000　　（貸）現　　　金　　52,000

(4)　受取手数料（収益）¥40,000を受け取ったので貸方に記入し，現金の増加を借方に記入する。

（借）現　　　金　　40,000　　（貸）受取手数料　　40,000

(5)　各費用の発生を借方に，現金¥10,000の減少を貸方に記入する。

（借）給　　　料　　8,000　　（貸）現　　　金　　10,000
（借）支 払 利 息　　2,000

以上の仕訳について次のような形式の仕訳帳に記入してみよう。

仕　訳　帳

日付		摘　　要	元丁	借　方	貸　方

仕　訳　帳

日付		摘　　要		元丁	借　方	貸　方
	(1)	（現金）		1	150,000	
			（資本金）	4		150,000
		株主から出資を受けて会社設立				
	(2)	（現金）		1	50,000	
			（借入金）	3		50,000
		B銀行から借り入れ				
	(3)	（備品）		2	52,000	
			（現金）	1		52,000
		事務用備品を購入				
	(4)	（現金）		1	40,000	
			（受取手数料）	5		40,000
		C株式会社より手数料を受け取り				
	(5)	諸口				
		（給料）		6	8,000	
		（支払利息）		7	2,000	
			（現金）	1		10,000
		給料と借入金利息の支払い				

ここで「摘要」欄の仕訳の下にその取引の内容が記入されているが，これを「小書き」という。また，仕訳にあたり，複数の勘定科目を使用する場合，「諸口」と書くが省略されることもある。

2　勘定記入

このような仕訳は，そのつどそれぞれ元帳の各勘定口座に転記される。各勘定科目の増減記入（勘定記入）にあたっては，日付（ここでは取引事例の番号）と摘要欄に仕訳の相手側の勘定（相手勘定）を記載しておく。

〈貸借対照表勘定〉

(借方)　　　　　　現　金　　　　　(貸方)　　　　1

(1) 資　本　金	150,000	(3) 備　　品	52,000
(2) 借　入　金	50,000	(5) 給　　料	8,000
(4) 受取手数料	40,000	(5) 支 払 利 息	2,000

(借方)　　　　　　備　品　　　　　(貸方)　　　　2

(3) 現　　金	52,000		

(借方)　　　　　　借入金　　　　　(貸方)　　　　3

		(2) 現　　金	50,000

(借方)　　　　　　資本金　　　　　(貸方)　　　　4

		(1) 現　　金	150,000

〈損益計算書勘定〉

(借方)　　　　　　受取手数料　　　　　(貸方)　　　　5

		(4) 現　　金	40,000

(借方)　　　　　　給　料　　　　　(貸方)　　　　6

(5) 現　　金	8,000		

(借方)　　　　　　支払利息　　　　　(貸方)　　　　7

(5) 現　　金	2,000		

ここでは，現金勘定についてのみ総勘定元帳を示しておこう。

現　金　勘　定　　　　1

日付		摘　要	仕丁	金　額	日付		摘　要	仕丁	金　額
	(1)	資　本　金	1	150,000		(3)	備　　品	1	52,000
	(2)	借　入　金	〃	50,000		(5)	給　　料	〃	8,000
	(4)	受取手数料	〃	40,000		〃	支 払 利 息	〃	2,000

なお，現金勘定の(5)の給料および支払利息は「諸口¥10,000」で一括処理することもできる。

Ⅱ 決算手続の概要

1 勘定記録の集計と合計残高試算表

試算表は，各勘定の借方・貸方の合計金額や残高を集計して，これまでの取引記録の正確性を確認するための集計表である。試算表には，合計試算表，残高試算表，合計残高試算表がある。合計試算表は各勘定科目別に借方の合計金額と貸方合計金額とを集計し，残高試算表はその差額（残高）を集計して作成する。この両者を1つの表で示すのが**合計残高試算表**である。先の例題について各試算表を作成すれば以下のようになる。

合計試算表

（借方）（貸方）

合計	勘定科目	合計
240,000	現金	62,000
52,000	備品	
	借入金	50,000
	資本金	150,000
	受取手数料	40,000
8,000	給料	
2,000	支払利息	
302,000	合計	302,000

残高試算表

（借方）（貸方）

残高	勘定科目	残高
178,000	現金	
52,000	備品	
	借入金	50,000
	資本金	150,000
	受取手数料	40,000
8,000	給料	
2,000	支払利息	
240,000	合計	240,000

(借方)　　　　合計残高試算表　　　　(貸方)

残　高	合　計	勘定科目	合　計	残　高
178,000	240,000	現　　金	62,000	
52,000	52,000	備　　品		
		借 入 金	50,000	50,000
		資 本 金	150,000	150,000
		受取手数料	40,000	40,000
8,000	8,000	給　　料		
2,000	2,000	支払利息		
240,000	302,000		302,000	240,000

試算表は，決算整理前の各勘定の集計を行うだけでなく（整理前試算表），決算整理後にも作成することがある。この整理後試算表を用いれば貸借対照表および損益計算書を容易に作成することができる。

2　試算表から貸借対照表・損益計算書の作成

試算表（決算予備手続）の作成後に決算本手続に入る。そこでは，次の手順で行われる。

(1)　決算整理

期末決算の段階において，財務諸表の作成に必要な決算整理がなされる。これは，おもに当期の適正な損益計算・有高計算を行うために期中において認識されなかった取引の記録を行うものである。例えば期末商品有高の次期への繰越しや未払費用の見越し，固定資産の減価償却などがそれにあたる。実際の決算にあたっては様々な決算取引の処理が必要となる。

(2)　総勘定元帳の締切り

①　収益・費用勘定の締切り

当期純利益または純損失を計算するために，収益・費用勘定を締め切る。そのために，新たに損益勘定を設ける。

(借) 受取手数料	40,000	(貸) 損　　益	40,000
(借) 損　　益	10,000	(貸) 給　　料	8,000
		支払利息	2,000

給　料　6

(5)	8,000	損益	8,000

受取手数料　5

損益	40,000	(4)	40,000

支払利息　7

(5)	2,000	損益	2,000

損　益　8

給　　料	8,000	受取手数料	40,000
支払利息	2,000		
繰越利益剰余金	30,000		
	40,000		40,000

損益勘定の差額（純損益）を繰越利益剰余金勘定に振り替える。

(借) 損　　益	30,000	(貸) 繰越利益剰余金	30,000

繰越利益剰余金　9

		損　　益	30,000

② 資産・負債および純資産の勘定の締切り

収益・費用の勘定の締切りが終われば，次に資産・負債および純資産の勘定の締切りを行う。資産・負債・純資産に関する各勘定の期末残高については各勘定の反対側に「次期繰越」として記入し，期首に「前期繰越」として記入する。

現　　金　　1

(1)	150,000	(3)	52,000
(2)	50,000	(5)　諸口	10,000
(4)	40,000	次期繰越	178,000
	240,000		240,000
前期繰越	178,000		

借入金　　3

次期繰越	50,000	(2)	50,000
		前期繰越	50,000

資本金　　4

次期繰越	150,000	(1)	150,000
		前期繰越	150,000

備　　品　　2

(3)	52,000	次期繰越	52,000
前期繰越	52,000		

繰越利益剰余金　　9

次期繰越	30,000	(8)	30,000
		前期繰越	30,000

なお，この決算振り替えに必要な仕訳（決算振替仕訳）は次のように示される。

仕　　訳　　帳

日付		摘　　要	元丁	借　方	貸　方
		(受取手数料)	5	40,000	
		(損益)	8		40,000
		(損益)	8	10,000	
		(給料)	6		8,000
		(支払利息)	7		2,000
		収益・費用の損益勘定への振替			
		(損益)	8	30,000	
		(繰越利益剰余金)	9		30,000
		純利益の繰越利益剰余金勘定への振替			

(3) 貸借対照表と損益計算書の作成

決算手続が終了すれば，そこで貸借対照表と損益計算書が作成される。これにより，企業の財政状態や経営成績を示すことができる。貸借対照表はおもに資産・負債・純資産の次期繰越高から作成され，損益計算書はおもに損益勘定から作成される。

貸　借　対　照　表

X2年3月31日　(単位：円)

資　産	金　額	負債純資産	金　額
現　　金	178,000	借　入　金	50,000
備　　品	52,000	資　本　金	150,000
		繰越利益剰余金	30,000
	230,000		230,000

損　益　計　算　書

X1年4月1日からX2年3月31日　(単位：円)

費　用	金　額	収　益	金　額
給　　料	8,000	受 取 手 数 料	40,000
支 払 利 息	2,000		
当 期 純 利 益	30,000		
	40,000		40,000

このように資産・負債・資本に関する勘定の残高について「次期繰越」「前期繰越」によって処理する方法は英米式決算法と呼ばれる。

(4) 精算表

精算表は試算表から貸借対照表および損益計算書を作成するための表である。

これを先の損益計算書・貸借対照表の例について総額で示せば次のように示される。

精　算　表

X1年４月１日より　X2年３月31日まで　　（単位：円）

勘定科目	試算表		損益計算書		貸借対照表	
	借方	貸方	借方	貸方	借方	貸方
現　　　金	178,000				178,000	
備　　　品	52,000				52,000	
借　入　金		50,000				50,000
資　本　金		150,000				150,000
繰越利益剰余金						
受取手数料		40,000		40,000		
給　　　料	8,000		8,000			
支払利息	2,000		2,000			
小　　　計	240,000	240,000	10,000	40,000	230,000	200,000
当期純利益			30,000			30,000
			40,000	40,000	230,000	230,000

この精算表は，（整理後）試算表・損益計算書・貸借対照表の３つの表についてそれぞれ借方・貸方の２欄からなり，６桁精算表という。これに対し，（整理前）試算表・整理記入（整理仕訳欄）・損益計算書・貸借対照表からなる精算表は８桁精算表という。

第4章

現金・預金

Ⅰ　現　金

1　現　金

簿記上の「現金」とは，通貨と通貨代用証券をいう。通貨とは紙幣と硬貨をいい，通貨代用証券とは，①**他人振出小切手**，②**送金小切手**，③**郵便為替証書**，④**株式配当金領収書**，⑤**支払期日の到来した公社債利札**など，すぐに換金できるものをいう。このような簿記上の現金は，「**現金**」勘定（資産）で記帳する。現金を受け取ったときは現金勘定の借方に，現金を支払ったときは現金勘定の貸方に記入する。

例題 4-1

利息¥6,000を現金で受け取った。

解答・解説

（借）	現　　金	6,000	（貸）	受取利息	6,000

例題 4-2

手数料¥10,000の支払にあたり，金庫にあった送金小切手で支払った。

解答・解説

（借）	支払手数料	10,000	（貸）	現　　金	10,000

2　現金出納帳

現金出納帳は，現金の受取（収入）や支払（支出）の明細を記録する帳簿をいう。

現金の受取りや支払いがあった場合には，まず仕訳帳に仕訳を行った後，現金勘定の総勘定元帳に転記を行うが，これらの主要簿とは別に，必要に応じて現金出納帳を用いて現金の収支の明細を記録する。

〈現金出納帳〉

現　金　出　納　帳

日付		摘　　要	収入	支出	残高
6	1	前月繰越	200,000		200,000
	11	A 社より家賃の受取り	2,000		202,000
	26	B 社へ地代の支払い（郵便為替証書）		4,000	198,000
	30	**次月繰越**		**198,000**	
			202,000	202,000	
7	1	前月繰越	198,000		198,000

取引内容は「摘要」欄に，現金を受け取ったときは「収入」欄に，そして現金を支払ったときには「支出」欄に記入する。取引が行われるつど，現金の残高を「残高」欄に記入する。「前月繰越」は前月から繰り越された現金残高を示す。「次月繰越」は翌月に繰越す現金残高を示す。（太字は朱記する。）

3　現金過不足

現金について，(a)現金の帳簿残高と(b)手許にある現金の実際有高とが一致しない場合がある。このような不一致（現金過不足）の原因が不明な場合に，その差額をいったん「**現金過不足**」勘定（仮勘定）に記入して処理する。これらが一致しない原因として，記帳間違いや盗難，紛失などがあったと考えられる。

現金過不足が生じたときには，現金の帳簿残高を，現金の実際有高に一致させるように処理を行う。現金の実際有高が帳簿残高より少ない場合（(a)＞(b)）は，その不足額を現金過不足勘定の借方に記入する。反対に，現金の実際有高が帳簿残高より多い場合（(a)＜(b)）は，その過剰額を現金過不足勘定の貸方に記入する。原因が判明したときには，現金過不足勘定から該当する勘定科目に振り替える。決算になり，その原因が判明しないものは，雑損（雑損失）勘定または雑益（雑収入）勘定に振り替える。

例題4-3

期中にあたり現金の帳簿残高と実際有高を調査したところ，現金の帳簿残高は¥37,000であり，現金の実際有高は¥40,000であった。

解答・解説

（借）		（貸）	
現　　金	3,000	現金過不足	3,000

例題4-4

期中にあたり現金の帳簿残高と実際有高を調査したところ，現金の帳簿残高は¥25,000であり，現金の実際有高は¥20,000であった。

解答・解説

（借）		（貸）	
現金過不足	5,000	現　　金	5,000

例題4-5

現金過不足勘定で処理していた不足額¥5,000のうち，¥4,900は旅費交通費の記入漏れであることが判明した。

解答・解説

（借）		（貸）	
旅費交通費	4,900	現金過不足	4,900

例題4-6

現金過不足勘定で処理していた不足額¥5,000のうち，¥100は決算日現在においても原因が不明であった。

解答・解説

（借）雑　　損　　100　　（貸）現金過不足　　100

Ⅱ　預金取引

1　当座預金・普通預金

当座預金や普通預金など，いつでも現金化することのできる預金の出入を記録する勘定である。

「当座預金」は，銀行預金の一種であり金融機関との当座契約に基づく無利息の預金をいう。当座預金は，現金の代わりに取引の決済手段に用いられ，現金で行っていた管理の手間を省き，盗難・紛失を防ぐ目的等で使用される。当座預金の支払（引出）には通常，小切手を振出す。このような当座預金は，「**当座預金**」勘定（資産）で処理する。

現金や他人振出小切手などを預け入れたときは当座預金勘定の借方に，小切手を振出したときは当座預金勘定の貸方に記入する。また，取引銀行と当座借越契約を結ぶことにより，当座預金残高以上の小切手を振り出すこともできる。この場合に生じるマイナスの当座預金残高（「当座預金」勘定の貸方残高）は当座借越残高と言い，「**当座借越**」勘定（負債）で処理する。決算時において，「当座預金」勘定の貸方残高がある場合は，「当座借越」勘定の貸方に振替える処理を行う。

「普通預金」は，自由に預入れができ，払出しもできる銀行預金の一種である。このような普通預金は，「**普通預金**」勘定（資産）で処理する。普通預金口座への入金・振込があったときは普通預金勘定の借方に，普通預金口座からの出金・振込があったときは普通預金勘定の貸方に記入する。

例題4-7

手数料¥40,000の支払いにあたり，小切手を振出して支払った。

解答・解説

(借) 支払手数料	40,000	(貸) 当座預金	40,000

例題4-8

手数料15,000を他店振出の小切手で受け取り，ただちに当座預金に預け入れた。

解答・解説

(借) 現　　金	15,000	(貸) 受取手数料	15,000
当座預金	15,000	現　　金	15,000

例題4-9

新店舗の賃借にあたり，1カ月分の家賃¥95,000を普通預金口座から振り込んだ。

解答・解説

(借) 支払家賃	95,000	(貸) 普通預金	95,000

例題4-10

賃貸店舗の家賃¥50,000（今月分）が普通預金口座に振り込まれた。

解答・解説

(借) 普通預金	50,000	(貸) 受取家賃	50,000

2　当座預金出納帳

当座預金出納帳は，当座預金の預入れと引出しの明細を記録する帳簿をいう。これにより預金残高や借越の状態が明らかになる。当座預金の預入れや引出しがあった場合には，まず仕訳帳に仕訳を行った後，当座預金勘定の総勘定元帳に転記を行うが，これらの主要簿とは別に，必要に応じて当座預金出納帳を用いて当座預金の収支の明細を記録する。

〈当座預金出納帳〉

当　座　預　金　出　納　帳

日付		摘　　要	預　入	引　出	借/貸	残 高
6	1	前月繰越	150,000		借	150,000
	11	A社へ地代支払い（小切手）		60,000	〃	90,000
	26	B社より手数料受取り分預入れ	30,000		〃	120,000
	30	**次月繰越**		**120,000**		
			180,000	180,000		
7	1	前月繰越	120,000		借	120,000

Ⅲ　小口現金

1　小口現金

「小口現金」とは，日常的に発生する消耗品費，通信費，交通費等といった少額の諸経費の支払のために，あらかじめ用度係に前渡しされる現金をいう。通常であれば，現金での管理や手間等を軽減し，盗難や紛失を防ぐため，現金や他人振出小切手等の受入れは直ちに預け入れ，支払時には小切手を振り出す当座預金を使用する。しかし，日常的に発生する少額の諸経費まで，頻繁に小切手を振り出すことはかえって不便となるため，小口現金が使用される。このような小口現金は，「**小口現金**」勘定（資産）で処理される。

小口現金を用度係に前渡ししたときは，小口現金勘定の借方に，用度係から小口現金の支払報告を受けたときは，小口現金勘定の貸方に記入する。

なお小口現金の補給方法は，(a)小口現金が少なくなったときに必要に応じて補給する**随時補給法**と，(b)一定期間必要とする小口現金を用度係に小切手を振り出して前渡しする**定額資金前渡制**（**インプレスト・システム**）とがある。定額資金前渡制においては，会計係が一定期間必要とする小口現金を用度係に小切手を振り出して支給し，一定期間後に用度係からの支払明細報告を受けたときに，その報告された支払額と同額の小切手で補給される方法である。

例題4-11

4月1日　当社は，定額資金前渡制を採用しており，用度係に対して小口現金¥50,000を小切手を振り出して前渡しした。

解答・解説

(借)	小口現金	50,000	(貸) 当座預金	50,000

例題4-12

4月30日　用度係から，次のとおり当月分の支払明細の報告を受けた。
交通費 ¥8,000　消耗品費 ¥12,000　雑費 ¥6,000

解答・解説

(借)	交通費	8,000	(貸) 小口現金	26,000
	消耗品費	12,000		
	雑費	6,000		

例題4-13

5月1日　報告を受けた先月分の小口現金について，小切手を振り出して補給した。

解答・解説

(借)	小口現金	26,000	(貸) 当座預金	26,000

2　小口現金出納帳

小口現金出納帳は，小口現金の支払と補給の明細を記録する帳簿をいう。

小口現金の補給日の違いによって，①**翌日補給法（月初補給法）**と②**当日補給法（月末補給法）**とがあり，両者の小口現金出納帳は，一部記入方法が異なる。

(1)　翌日補給法（月初補給法）

「受入」欄には，（初回）受入額，（前月からの）繰越残高，補給額を記入し，「支払」欄には支払金額と（次月への）繰越残高を記入する。「内訳」欄には，各支払経費ごとに支払った金額を記入する。前月繰越には前月から繰越された小口現金残高を受入欄に記入する。次月繰越には翌月に繰越す小口現金残高を支払欄に記入。（太字は朱記する。）本日補給には月初の補給金額（＝月末支払合計額）を記入する。

小口現金出納帳

受入	日付		摘要	支払	内訳			
					旅費交通費	通信費	消耗品費	雑費
10,000	6	1	小口現金受入					
		8	バス回数券購入	2,500	2,500			
		11	文房具購入	1,000			1,000	
		16	官製はがき	500		500		
		18	来客用茶葉購入	2,500				2,500
			合　計	6,500	2,500	500	1,000	2,500
		30	**次月繰越**	**3,500**				
10,000				10,000				
3,500	7	1	前月繰越					
6,500		〃	本日補給					

(2) 当日補給法（月末補給法）

月末の支払合計に続いて,「受入」欄に月末の本日補給金額（=月末支払合計額）を記入する。「次月繰越」には翌月に繰越す補給後の小口現金残高を支払欄に記入する。「前月繰越」には前月から繰越された補給後の小口現金残高を受入欄に記入する。

小口現金出納帳

受入	日付		摘　要	支払	内　訳			
					旅費交通費	通信費	消耗品費	雑費
10,000	6	1	小口現金受入					
		8	バス回数券購入	2,500	2,500			
		11	文房具購入	1,000			1,000	
		16	官製はがき	500		500		
		18	来客用茶葉購入	2,500				2,500
			合　計	6,500	2,500	500	1,000	2,500
6,500		30	本日補給					
		〃	**次月繰越**	**10,000**				
16,500				16,500				
10,000	7	1	前月繰越					

第5章

商品売買

Ⅰ　商品売買取引と処理

1　商品売買取引と処理法

商品売買取引の処理に関しては複数の処理方法が存在するが，ここでは，①分記法，②三分（割）法，③売上原価対立法の３つを取り上げる。「分記法」とは，商品売買取引について，「商品」勘定（資産）と「商品売買益」勘定または「商品販売益」勘定（収益）という２つの勘定科目を用いて記帳する方法である。「三分（割）法」とは，商品売買取引について，「仕入」勘定（費用），「売上」勘定（収益），「繰越商品」勘定（資産）という３つの勘定科目を用いて記帳する方法である。そして，「売上原価対立法」とは，「商品」勘定（資産），「売上」勘定（収益），「売上原価」勘定（費用）という３つの勘定科目を用いて記帳する方法である。

(1)　分記法

「**分記法**」のもとでは，商品を仕入れたときは，「**商品**」勘定の借方に，その商品の取得原価で記入する。また，商品を売上げたときは，商品勘定の貸方にその取得原価で記入すると同時に，売上げた商品の取得原価（売上原価，買値）とその商品の売価（売値）との差額を，「**商品売買益**」勘定または「**商品販売益**」勘定の貸方に記入する。

例題 5-1

A社より商品￥150,000を仕入れ，代金は現金で支払った。

解答・解説

（借）商　　品	150,000	（貸）現　　金	150,000

例題5－2

B社に対して商品¥120,000（取得原価は¥100,000）を売上げ，代金は現金で受け取った。

解答・解説

＜分記法＞

（借）現　　金	120,000	（貸）商　　品	100,000
		商品売買益	20,000

(2)　三分（割）法

「**三分（割）法**」のもとでは，商品を仕入れたときは，「**仕入**」勘定の借方に，その商品の取得原価で記入する。また，商品を売り上げたときは，「**売上**」勘定の貸方に，その商品の売価（売値）で記入する。そして，期末時点において，仕入勘定の借方にある「当期末時点の，売り上げなかった商品（在庫）の仕入原価」の金額を，繰越商品勘定の借方に振り替えると同時に，繰越商品勘定の借方にある「前期末時点の，売り上げなかった商品（在庫）の仕入原価」の金額を，仕入勘定の借方に振り替える。この処理の結果，仕入勘定において，期首商品棚卸高，当期（純）仕入高，期末商品棚卸高の３つを用いることで，売上原価が算定される。

例題5－3

A社より商品¥150,000を仕入れ，代金は現金で支払った。

解答・解説

（借）仕　　入	150,000	（貸）現　　金	150,000

例題5-4

Ｂ社に対して商品￥120,000（取得原価は￥100,000）を売り上げ，代金は現金で受け取った。

解答・解説

（借）現　金	120,000	（貸）売　上	120,000

例題5-5

決算日において期首商品棚卸高は￥10,000であり，期末商品棚卸高は￥50,000であった。

解答・解説

（借）仕　入	10,000	（貸）繰越商品	10,000
繰越商品	50,000	仕　入	50,000

(3) 売上原価対立法

「**売上原価対立法**」のもとでは，商品を仕入れたときは，「**商品**」勘定の借方に，その商品の取得原価で記入する。また，商品を売り上げたときは，「**売上**」勘定の貸方に，その商品の売価（売値）で記入すると同時に，その商品の仕入原価（ここでは売上原価となる）を，商品勘定（資産）から「**売上原価**」勘定（費用）に振り替える。

例題5-6

Ａ社より商品￥150,000を仕入れ，代金は現金で支払った。

解答・解説

（借）商　品	150,000	（貸）現　金	150,000

例題5-7

Ｂ社に対して商品￥120,000（取得原価は￥100,000）を売り上げ，代金は現金で受け取った。

解答・解説

(借)	現　金	120,000	(貸)	売　上	120,000
	売上原価	100,000		商　品	100,000

2　付随費用の処理

商品売買取引のなかで，例えば大阪の会社が東京の会社から商品を仕入れるような取引は日常的に行われる。この場合，東京から大阪への商品の移送に伴う費用が別途発生することになる。このような商品売買に関わる費用のことを**諸掛**といい，仕入諸掛と売上諸掛とがある。

(1)　仕入諸掛の処理

「**仕入諸掛**」とは，商品仕入に関わる付随費用（例えば，引取運賃，保険料，保管料，梱包費用など）をいい，「仕入」勘定に含めて処理する。

例題 5－8

C社より商品¥100,000を仕入れ，代金はこの商品仕入に関わる引取運賃¥2,000とともに現金で支払った。（三分法によること）

解答・解説

(借)	仕　入	102,000	(貸)	現　金	102,000

(2)　売上諸掛の処理

「**売上諸掛**」とは，商品売上に関わる付随費用（例えば，発送運賃，保険料，保管料，梱包費用など）をいい，売り主が負担するのか，あるいは（最終的に）買い主が負担するのかにより，「**発送費**」勘定（費用）で処理する場合と，「**立替金**」勘定（資産）で処理する場合とがある（後者の「立替金」勘定の処理については，場合によっては，「売掛金」勘定（資産）に含めて処理することも可能である）。

> **例題 5－9**
>
> D社に対して商品¥85,000を売り上げ，代金は掛けとした。なお，この商品販売に関わる発送費（当社負担）¥2,000は現金で支払った。（三分法によること）

解答・解説

（借）	売　掛　金	85,000	（貸）売　　　上	85,000
	発　送　費	2,000	現　　　金	2,000

> **例題 5－10**
>
> E社に対して商品¥60,000を売り上げ，代金は掛けとした。なお，この商品販売に関わる発送費（相手社負担）¥2,000は現金で支払った。（三分法によること）

解答・解説

（借）	売　掛　金	60,000	（貸）売　　　上	60,000
	立　替　金	2,000	現　　　金	2,000

3　返品・値引の処理

(1)　仕入返品・仕入値引

「**仕入返品**」（**仕入戻し**）とは，当社が注文したものとは異なる商品が発送された（品違い）などの理由により，仕入れた商品の一部または全部を仕入先に返品することをいう。「**仕入値引**」とは，当社に発送された商品について，その一部または全部に生じた汚損や破損などの理由により，仕入代金の値引を受けることをいう。このように，仕入返品と仕入値引は，意味は異なるが，以下の例題にまとめているように，仕訳処理は共通している。

例題 5-11

E社より掛けにて仕入れた商品の一部に品違いがあり，¥2,000の返品を行った。(三分法による)

解答・解説

(借) 買掛金	2,000	(貸) 仕入	2,000

例題 5-12

F社より掛けにて仕入れた商品の一部に破損があり，¥3,000の値引を受けた。(三分法による)

解答・解説

(借) 買掛金	3,000	(貸) 仕入	3,000

(2) 売上返品・売上値引

「**売上返品**」(**売上戻り**) とは，相手方から注文を受けたものとは異なる商品を発送する (品違い) などの理由により，売上げた商品の一部または全部が当社に返品されることをいう。「**売上値引**」とは，当社が発送した商品について，その一部または全部に生じた汚損や破損などの理由により，売上代金の値引を承認することをいう。このように，売上返品と売上値引は，意味は異なるが，以下の例題にまとめているように，仕訳処理は共通している。

例題 5-13

G社に対して掛け売りした商品の一部に品違いがあり，¥1,800の商品が返品された。

解答・解説

(借) 売上	1,800	(貸) 売掛金	1,800

例題5-14

H社に対して掛け売りした商品の一部に汚損があり，¥700の値引を行った。

解答・解説

（借）売　　上　700　（貸）売　掛　金　700

Ⅱ　商品売買取引と補助簿

1　売上帳

売上帳は，商品の販売取引の明細を記録する帳簿をいう。

売　上　帳

日付		摘　　要		内　訳	金　額
12	11	A社	手形・小切手		
		A商品　500個　@40		20,000	
		B商品　200個　@90		18,000	38,000
	24	B社	掛		
		C商品　120個　@60			7,200
	26	**B社**	**掛返品**		
		C商品　20個　@60			**1,200**
	31		総売上高		45,200
			売上戻り高		**1,200**
			純売上高		44,000

- 【摘　　要】取引先，支払方法，商品名，個数，単価等を記入(太字は朱書きする)。
- 【内　　訳】種類の異なる商品を複数売り上げたときに，商品の種類ごとの合計金額を記入。
- ［総売上高］返品・値引きを含めない金額欄の合計金額を記入
- ［売上戻り高］返品・値引きの合計額を記入（太字は朱書きする）
- ［純売上高］総売上高－売上戻り高を記入

2　仕入帳

仕入帳は，商品の仕入取引の明細を記録する帳簿をいう。

仕　入　帳

日付		摘　　要	内　訳	金　額
11	10	A社　　　　掛		
		A商品　400個　@120	48,000	
		B商品　600個　@90	54,000	102,000
	11	B社　　　　掛		
		C商品　250個　@110	27,500	
		D商品　70個　@100	7,000	34,500
	26	**A社　　　　掛返品**		
		B商品　130個　@90		**11,700**
	30	総仕入高		136,500
		仕入戻し高		**11,700**
		純仕入高		124,800

- 【摘　　要】取引先，支払方法，商品名，個数，単価等を記入（太字は朱書きする）。
- 【内　　訳】種類の異なる商品を複数仕入れたときに，商品の種類ごとの合計金額を記入。
- ［総仕入高］返品・値引きを含めない金額欄の合計金額を記入
- ［仕入戻し高］返品・値引きの合計額を記入（太字は朱書きする）
- ［純仕入高］総仕入高－仕入戻し高を記入

3　商品有高帳

(1)　商品有高帳の意義および記入方法

商品有高帳は，商品の種類ごとに受入（仕入）・払出（売上）や，数量・単価・金額（原価）を記録する補助簿をいい，商品の在庫管理に用いられる。商品有高帳において，売上原価は，払出単価×払出数量で求めることができるが，払出単価の決定方法には，先入先出法や移動平均法などがある。これは，同じ商品であっても，仕入時期の違い等により仕入単価が異なる場合があるためである。なお，商品有高帳に記載される単価は，売価ではなくすべて原価で記入し，【払出】欄の金額を合計すると売上原価となり，

【払出欄】の合計額 ＝［前月繰越］＋【受入欄】の合計額 －［次月繰越］

という関係が成立している。これは後述する売上原価の算定式が，商品有高帳上で表現されたものにほかならない。

⑵　単価の決定方法

①　先入先出法

先に仕入れたものから，順番に払い出したものと考えて，払出単価を決定する方法。

②　移動平均法

単価の異なる商品を受入れたつど，平均単価を計算して払出単価を決定する方法。

〈取　引〉

10月1日	前月繰越	ボールペン	10本	@¥200
6日	仕　入	ボールペン	30本	@¥210
11日	売　上	ボールペン	20本	@¥260
21日	仕　入	ボールペン	40本	@¥230
27日	売　上	ボールペン	30本	@¥250

① 先入先出法

商品有高帳

ボールペン

日付		摘要	受入			払出			残高		
			数量	単価	金額	数量	単価	金額	数量	単価	金額
10	1	前月繰越	10	200	2,000				10	200	2,000
	6	仕　　入	30	210	6,300				10	200	2,000
									30	210	6,300
	11	売　　上				10	200	2,000			
						10	210	2,100	20	210	4,200
	21	仕　　入	40	230	9,200				20	210	4,200
									40	230	9,200
	27	売　　上				20	210	4,200			
						10	230	2,300	30	230	6,900
	31	**次月繰越**				**30**	**230**	**6,900**			
			80		17,500	80		17,500			
11	1	前月繰越	30	230	6,900				30	230	6,900

② 移動平均法

商品有高帳

ボールペン

日付		摘要	受入			払出			残高		
			数量	単価	金額	数量	単価	金額	数量	単価	金額
10	1	前月繰越	10	200	2,000				10	200	2,000
	6	仕　　入	30	210	6,300				40	207.5	8,300
	11	売　　上				20	207.5	4,150	20	207.5	4,150
	21	仕　　入	40	230	9,200				60	222.5	13,350
	27	売　　上				30	222.5	6,675	30	222.5	6,675
	31	**次月繰越**				**30**	**222.5**	**6,675**			
			80		17,500	80		17,500			
11	1	前月繰越	30	222.5	6,675				30	222.5	6,675

4　売上原価の算定

(1)　売上原価の算定

売上原価は，以下の算式で求める。

売上原価 ＝ 期首商品棚卸高 ＋ 当期純仕入高 － 期末商品棚卸高

例題5-15

期首商品棚卸高￥105,000，当期総仕入高￥1,236,000，当期仕入戻し高 ￥1,200，期末商品棚卸高 ￥126,000の場合，売上原価を求めよ。

解答・解説

売上原価 ＝￥105,000 ＋（￥1,236,000 － ￥1,200）－￥126,000
　　　　 ＝￥1,213,800

また，期首商品棚卸高と期末商品棚卸高について，決算整理仕訳を示すと次のようになる。

〈期首商品棚卸高に関する仕訳〉

（借）仕　　入　105,000　（貸）繰越商品　105,000

〈期末商品棚卸高に関する仕訳〉

（借）繰越商品　126,000　（貸）仕　　入　126,000

(2)　売上総利益の計算

売上総利益は，以下の算式で求める。

売上総利益 ＝ 当期純売上高 － 当期売上原価

例題5-16

当期総売上高￥2,549,000，当期売上戻り高￥58,000，当期売上原価￥1,213,800の場合，売上総利益を求めよ。

解答・解説

売上総利益 ＝（¥2,549,000 － ¥58,000）－ ¥1,213,800
＝ ¥1,277,200

Ⅲ　貯蔵品

貯蔵品とは資産に属する勘定であり，具体的には，文房具，封筒，郵便切手，収入印紙など，をいう。

例題5-17

はがき80枚（@¥63）と¥84の郵便切手120枚を購入し，現金で支払った。

解答・解説

(借) 通信費	15,120	(貸) 現金	15,120

例題5-18

決算にあたり，（上記で）通信費処理されていた¥15,120について，はがき10枚（@¥63）が未使用であることが判明した。これを適切な勘定へ振り替える。

解答・解説

(借) 貯蔵品	630	(貸) 通信費	630

第6章

掛売・掛買

Ⅰ　売掛金と売掛金元帳等

1　売掛金

商品売買取引のなかには，商品を得意先に売り上げ，その代金を後日受け取ったり（掛け売りしたり），クレジットカード払いを条件とした信用取引も含まれる。このような取引から生じる売上債権は，「**売掛金**」勘定（資産）や「**クレジット売掛金**」勘定（資産）で記帳される。

商品を掛け売りしたときは，売掛金勘定の借方に，掛け売りした金額で記入する。また，掛け売りした代金を後日回収したときは，売掛金勘定の貸方に，その回収額で記入する。

なお，売掛金勘定に代えて，相手社名を勘定科目（「**人名勘定**」）として用いることもできる。これにより，得意先（相手各社）が複数であった場合にも，各社に区分した掛売額，売掛金の回収額およびその残高が明らかとなり，詳細な売掛金の管理が可能となる。

クレジットカード払いを条件とした商品販売にあたっては，（当社に代わって）信販会社が商品の購入者から代金の回収を行うため，信販会社に対する手数料の支払が生じることになる。この手数料は「**支払手数料**」勘定（費用）で処理する。したがって，商品販売時のクレジット売掛金の金額は，売上の金額から支払手数料を差し引いた残額となる。

例題6-1

A社に対して商品¥50,000を売上げ，代金は掛けとした。(三分法によること)。

解答・解説

(借) 売　掛　金　　50,000　　(貸) 売　　　上　　50,000

※ 例えば，この仕訳に人名勘定を用いると次のようになる：

(借) A　　　社　　50,000　　(貸) 売　　　上　　50,000

例題6-2

B社に対して商品¥80,000をクレジットカード払いの条件で販売し信販会社へのクレジット手数料（販売代金の5%）を計上した。

解答・解説

(借) クレジット売掛金　76,000　　(貸) 売　　　上　80,000
　　 支 払 手 数 料　　4,000

例題6-3

C社に対する売掛金¥50,000のうち¥15,000を，本日，現金にて回収した。

解答・解説

(借) 現　　　金　　15,000　　(貸) 売　掛　金　　15,000

※ 例えば，この仕訳に人名勘定を用いると次のようになる：

(借) 現　　　金　　15,000　　(貸) C　　　社　　15,000

例題6-4

かねてD社に対して，クレジットカード払いの条件で商品¥150,000を販売した取引（信販会社へのクレジット手数料は販売代金の5%）について，本日，クレジット売掛金が信販会社より普通預金口座に振り込まれた。

解答・解説

(借) 普　通　預　金　142,500　　(貸) クレジット売掛金　142,500

2　売掛金元帳と売掛金明細表

売掛金元帳（得意先元帳）は，売掛金の明細を記録する帳簿（補助元帳）をいう。売掛金明細表は，売掛金の残高を示し，総勘定元帳である売掛金勘定の金額と補助元帳である売掛金元帳の金額が一致しているかどうかを確認するため，得意先ごとの残高を一覧表にしたものである（売掛金元帳と売掛金明細表の記入については，以下の例示を参照。例示内の太字は朱記する箇所である)。

〈売掛金元帳〉

売　掛　金　元　帳

(A社)

日付		摘　要	借 方	貸 方	借/貸	残 高
6	1	前月繰越	250,000		借	250,000
	11	売　　上	40,000		〃	290,000
	30	**次月繰越**		**290,000**		
			290,000	290,000		
7	1	前月繰越	290,000		借	290,000

売　掛　金　元　帳

(B社)

日付		摘　要	借 方	貸 方	借/貸	残 高
6	1	前月繰越	70,000		借	70,000
	20	売　　上	50,000		〃	120,000
	25	現金回収		30,000	〃	90,000
	30	**次月繰越**		**90,000**		
			120,000	120,000		
7	1	前月繰越	90,000		借	90,000

〈売掛金明細表〉

売　掛　金　明　細　表

	5月31日	6月30日
A社	250,000	290,000
B社	70,000	90,000
合　計	320,000	380,000

Ⅱ　買掛金と買掛金元帳等

1　買掛金

商品売買取引のなかには，商品を仕入先より仕入れ，その代金を後日支払う（掛買する）ような信用取引も含まれる。このような取引から生じる仕入債務は，「**買掛金**」勘定（負債）で記帳される。

商品を掛け買いしたときは，買掛金勘定の貸方に，掛け買いした金額で記入する。また，掛け買いした代金を後日支払ったときは，買掛金勘定の借方に，その支払額で記入する。

なお，買掛金勘定に代えて，相手社名を勘定科目（「**人名勘定**」）として用いることもできる。これにより，仕入先（相手社）が複数であった場合にも，各社に区分した掛け買い額，買掛金の支払額およびその残高が明らかとなり，詳細な買掛金の管理が可能となる。

例題6－5

A社より商品¥40,000を仕入れ，代金は掛けとした。（三分法によること）

解答・解説

（借）	仕　　入	40,000	（貸）	買　掛　金	40,000

※ 例えば，この仕訳に人名勘定を用いると次のようになる：

（借）	仕　　入	40,000	（貸）	A　　社	40,000

例題６－６

Ｂ社の買掛金￥35,000を，本日，現金で支払った。

解答・解説

（借）買　掛　金　　35,000　　（貸）現　　金　　35,000

※ 例えば，この仕訳に人名勘定を用いると次のようになる：

（借）Ｂ　　社　　35,000　　（貸）現　　金　　35,000

２　買掛金元帳と買掛金明細表

買掛金元帳（仕入先元帳）は，買掛金の明細を記録する帳簿（補助元帳）をいう。買掛金明細表は，売掛金明細表と同様に買掛金の残高を示し，総勘定元帳である買掛金勘定の金額と補助元帳である買掛金元帳の金額が一致しているかどうかの確認をするため，仕入先ごとの残高を一覧表にしたものである（買掛金元帳と買掛金明細表の記入については，以下の例示を参照。例示内の太字は朱記する箇所である）。

〈買掛金元帳〉

買　掛　金　元　帳

（Ｃ社）

日付		摘　要	借 方	貸 方	借／貸	残 高
6	1	前月繰越		40,000	貸	40,000
	4	仕　　入		30,000	〃	70,000
	30	**次月繰越**	**70,000**			
			70,000	70,000		
7	1	前月繰越		70,000	貸	70,000

買 掛 金 元 帳

(D社)

日付		摘 要	借 方	貸 方	借/貸	残 高
6	1	前月繰越		20,000	貸	20,000
	5	仕 入		40,000	〃	60,000
	25	現金支払	30,000		〃	30,000
	30	**次月繰越**	**30,000**			
			60,000	60,000		
7	1	前月繰越		30,000	貸	30,000

〈買掛金明細表〉

買 掛 金 明 細 表

	5月31日	6月30日
C社	40,000	70,000
D社	20,000	30,000
合 計	60,000	100,000

Ⅲ 貸倒れ

受取手形や売掛金などの売上債権が，得意先の資金繰りの悪化や倒産などの理由により，現金回収できなくなる状態を「**貸倒れ**」という。貸倒れの処理にあたっては，(a)貸倒引当金勘定が設定されていない場合と，(b)貸倒引当金勘定が設定されている場合，の２つがある。(a)貸倒引当金勘定が設定されていない場合は，貸倒れとなった売上債権勘定を貸方に記入すると同時に，同額を「**貸倒損失**」勘定（費用）として借方に記入する。(b)貸倒引当金勘定が設定されている場合は，貸倒れとなった売上債権勘定（前期以前の発生分）を貸方に記入すると同時に，同額を「**貸倒引当金**」勘定（資産）として借方に記入する。なお，このとき，貸倒れとなった売上債権勘定（前期以前の発生分）の金額に対して，貸倒引当金勘定の残高が不足している場合は，その不足額を貸倒損失勘定として借方に記入する。

例題6－7

前期の掛け売りで生じたA社に対する売掛金¥30,000が，本日，貸倒れとなった。なお，貸倒引当金は設定されていない。

解答・解説

(借) 貸倒損失　30,000　(貸) 売掛金　30,000

例題6－8

前期の掛け売りで生じたB社に対する売掛金¥25,000が，本日，貸倒れとなった。なお，貸倒引当金勘定の残高が¥27,000ある。

解答・解説

(借) 貸倒引当金　25,000　(貸) 売掛金　25,000

例題6－9

前期の掛け売りで生じたC社に対する売掛金¥60,000が，本日，貸倒れとなった。なお，貸倒引当金勘定の残高が¥59,000ある。

解答・解説

(借) 貸倒引当金　59,000　(貸) 売掛金　60,000
　　 貸倒損失　1,000

なお，過年度においてすでに貸倒れとして処理した売上債権について，その全額または一部を当期になって現金等で回収した場合，「**償却債権取立益**」勘定（収益）で記帳する。

例題6－10

前期に貸倒れとして処理していたD社に対する売掛金¥240,000のうち，¥60,000が本日現金にて回収された。

解答・解説

(借) 現金　60,000　(貸) 償却債権取立益　60,000

第7章

手形取引

Ⅰ　手形取引と受取手形・支払手形

商品売買の代金などの支払や受取の際には現金や小切手以外に，「手形」が利用されることがある。手形とは，将来の特定の日に，特定の金額を支払うことを約束した有価証券をいう。手形は，手形法という法律に基づき厳格に運用されるため，その意味では信頼性が高く，一般に売掛金や買掛金より回収可能性が高い債権・債務とされている。小切手と異なり支払期日まで代金決済できないが，後述するような割引や裏書譲渡ができるため，資金の融通手段として広く流通している。

手形は，手形法により「**約束手形**」と「**為替手形**」の二者に分類され，両者とも簿記で取り扱う場合には，手形の種類にかかわらず，現在，一般的に用いられている手形はこの約束手形であり，為替手形はあまり流通していない。以下においては約束手形を中心に検討しよう。

約束手形とは，約束手形を振り出した人（振出人）がその手形を持っている人（名宛人）に対し，その手形に記載された期日に，記載された手形代金を支払うことを約した証券である。なお，手形を発行することを「振出」という。

【約束手形の取引】

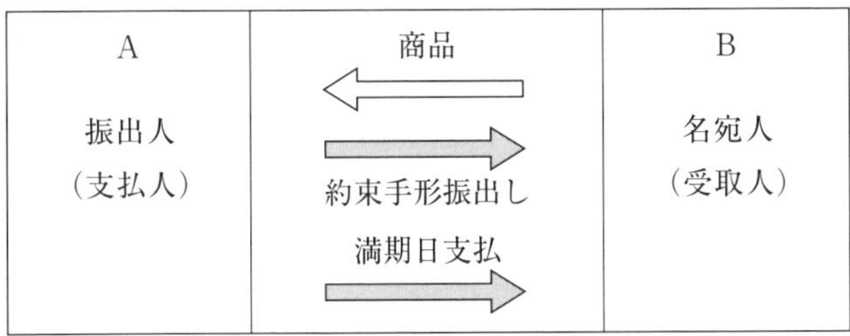

【約束手形の例】

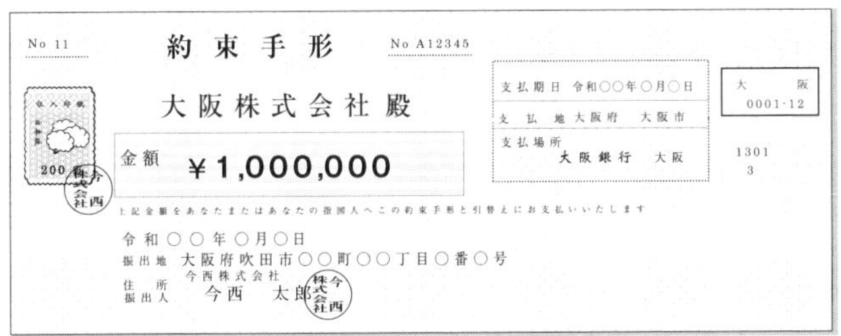

Ⅱ　手形の処理

手形によって生ずる債権を「**受取手形**」勘定（資産），債務を「**支払手形**」勘定（負債）で仕訳処理する。

> **例題7-1**
>
> A社はB社より商品を¥80,000で仕入れ，代金として約束手形を振出して支払った。両社ともに仕訳を示しなさい。

解答・解説

A社	（借）仕　　入	80,000	（貸）支払手形	80,000
B社	（借）受取手形	80,000	（貸）売　　上	80,000

約束手形が満期日（手形に記載された期日）を迎えた場合には，仕訳処理は

次の例題7－2のようになる。

例題7－2

Ｂ社は以前Ａ社より受け取ったＡ社振出の約束手形￥80,000を銀行へ取立依頼しており，期日に当座預金に入金された旨の連絡があった。両商店ともに仕訳を示しなさい。

解答・解説

Ａ社	（借）支払手形	80,000	（貸）当座預金	80,000
Ｂ社	（借）当座預金	80,000	（貸）受取手形	80,000

Ⅲ　手形の裏書譲渡と割引

1　手形の裏書譲渡

手形については，手形に記載された金額を受け取ることができる満期日まで待たなくても，支払手段として他者に譲渡することができる。譲渡する場合は，手形の裏面に一定の事項を記載して署名押印することが必要であることから，これを手形の裏書譲渡という。なお，以前より所有する受取手形を譲渡することになるため，「**受取手形**」勘定（資産）の減少として貸方に記載され仕訳処理されることになる。

例題7－3

Ａ社より商品￥30,000を仕入れる際，以前から保有するＢ社振出の約束手形￥30,000を裏書譲渡した。

解答・解説

（借）仕　　入	30,000	（貸）受取手形	30,000

2　手形の割引

手形を銀行などの金融機関に裏書譲渡し，必要な資金の融資を受けることを手形の割引という。その際，手形の割引時から満期日までの日数に応じた割引料（利息に相当するもの）を差し引かれ，残額を受け取ることになる。割引料については，手形を売却して生じた費用であることから「**手形売却損**」勘定（費用）を用いて仕訳処理される。

例題7-4

以前より所有するB社振出の約束手形¥100,000を銀行にて割り引き，割引料¥1,000を差し引かれた残額が当座預金に入金された。

解答・解説

（借）	当座預金	99,000	（貸）受取手形	100,000
	手形売却損	1,000		

Ⅳ　手形の不渡・更改

1　手形の不渡

保有する手形に記載された手形代金は通常期日に受け取ることができるが，手形債務者が資金不足で支払いできない場合や，その支払いを拒否した場合には受け取れないことがある。このように手形代金が受け取れなくなることを「手形の不渡り」といい，その手形を「不渡手形」と呼ぶ。

手形は不渡りとなったとしても，手形の振出人または裏書人に対する手形代金の請求権は失われず，引き続き資産として取り扱われる。しかし，不渡手形は通常の手形と区分するために，「受取手形」勘定（資産）から「**不渡手形**」勘定（資産）へと振り替える。

また，手形が不渡りになったことで生じてしまった費用（支払拒絶証書の作成手数料など）や手形期日以降の金利などについても手形債務者に請求することができることから，それらの金額も含めて「不渡手形」勘定の借方に記入されて仕訳処理されることになる。

なお,最終的に不渡手形が回収不能となった場合には,貸倒れ処理が行われる。

例題7-5

(1) 保有していた他社振出の約束手形¥100,000につき不渡りとなったので，その不渡りにつき現金で支払った諸費用¥5,000とともに請求した。

(2) 上記(1)の不渡手形につき，当初の手形期日より実際の支払日までの遅延利息¥500とともに相手振出の小切手で受け取ることができた。

(3) 以前から保有していた不渡手形¥30,000につき，その手形債務者が破産した旨の通知を受け取ったため，貸倒れ処理した。なおその不渡手形につき設定された貸倒引当金の残高は¥20,000である。

解答・解説

(1)	(借)	不渡手形	105,000	(貸)	受取手形	100,000
				(貸)	現金	5,000
(2)	(借)	現金	105,500	(貸)	不渡手形	105,000
				(貸)	受取利息	500
(3)	(借)	貸倒引当金	20,000	(貸)	不渡手形	30,000
		貸倒損失	10,000			

2　手形の更改

手形の支払人が支払期日になっても，資金不足などから支払いできない場合があり，手形支払人が手形の受取人に対して，支払いの延期を認めてもらうことがある。このとき，手形の支払人は，支払期日を延期した新たな手形を延期した期日までの利息を含めて振り出し，旧手形との交換が行われる。これを手形の更改という。

例題7-6

A社は，仕入先であるB社に対して振り出していた約束手形￥100,000の満期日が到来したが決済できないため，支払期日の延期の申し出を行い，同店はこれを承認した。なお期日の延期に伴う利息￥5,000を加えた新手形を振り出した

解答・解説

A社	(借) 支払手形	100,000	(貸) 支払手形	105,000
	支払利息	5,000		
B社	(借) 受取手形	105,000	(貸) 受取手形	100,000
			受取利息	5,000

V　受取手形記入帳と支払手形記入帳

1　手形記入帳

手形記入帳は，手形取引の明細を示す帳簿をいい，受取手形記入帳と支払手形記入帳とがある。これらの帳簿に，受取手形及び支払手形の発生から消滅までを記録して管理する。

2　受取手形記入帳

受取手形記入帳は，手形の受取と減少（入金・裏書・割引き）といった受取手形の明細を記録する帳簿をいう。受取手形の発生時には，取引日，手形の種類（「約（＝約束手形）」），摘要（取引内容や，売掛金，売上等の相手勘定科目），支払人，振出人または裏書人，振出日，満期日，支払場所，手形金額を記入する。そして受取手形の消滅時には，てん末にその日付と消滅理由（入金・裏書・割引き）を記入する。

例題7－7

次の取引に基づいて，受取手形記入帳に記入しなさい。

6月4 日　A社へ商品￥35,000を売り上げ，代金は同店振出しの約束手形（No.41）で受け取った。

振出日：6月4 日　支払期日：6月30日　支払場所：O銀行

6月18 日　B社に対する売掛金￥12,000を，同店振出しの約束手形（No.32）で受け取った。

振出日：6月18 日　支払期日：7月31日　支払場所：P銀行

6月25 日　B社から受け取っていた上記約束手形￥12,000をQ銀行で割引き，割引料￥800を差し引かれ，残額￥11,200は当座預金とした。

6月30日A社から受け取っていた上記手形￥35,000が本日満期を迎え当座預金に入金された。

解答・解説

受　取　手　形　記　入　表

日付		手形種類	手形番号	摘要	支払人	振出人または裏書人	振出日		満期日		支払場所	手形金額	てん末		
月	日						月	日	月	日			月	日	摘要
6	4	約手	41	売上	A社	A社	6	4	6	30	O銀行	35,000	6	30	取立済み
6	18	約手	32	売掛金	B社	B社	6	18	7	31	P銀行	12,000	6	25	Q銀行にて割引 割引料800円

3　支払手形記入帳

支払手形記入帳は，約束手形・為替手形の発生と減少（支払）といった支払手形の明細を記録する帳簿をいう。支払手形の発生時には，取引日，手形の種類，受取人，振出人，振出日，満期日，支払場所，手形金額を記入し，支払手形の消滅時には，てん末にその日付と消滅理由（期日決済等）を記入する。

例題7－8

次の支払手形記入帳から取引を推定し，仕訳しなさい。

支　払　手　形　記　入　表

日付		手形種類	手形番号	摘要	受取人	振出人	振出日		満期日		支払場所	手形金額	てん末		
月	日						月	日	月	日			月	日	摘要
9	3	約手	20	仕入	A社	当社	9	3	9	30	D銀行	7,000	9	30	支払済み
9	5	約手	05	買掛金	B社	当社	9	5	1	20	E銀行	8,600			

解答・解説

9/3	(借) 仕　　入	7,000	(貸) 支払手形	7,000
9/5	(借) 買掛金	8,600	(貸) 支払手形	8,600
9/30	(借) 支払手形	7,000	(貸) 当座預金	7,000

Ⅵ　手形貸付金・手形借入金

手形の利用方法として，商品売買の代金決済などで利用する場合は，「商業手形」という。また，他の手形の利用方法として，手形の特性を利用し，金銭の貸し借りの際に借用証書に代えて約束手形や為替手形を用いる場合がある。これを「金融手形」という。金銭を貸し付けて手形を担保として受け入れた場合生ずる債権は「**手形貸付金**」勘定（資産）として借方に記入し，金銭を借り入れて手形を担保として差し入れた場合に生ずる債務は「**手形借入金**」勘定（負債）として貸方に記入する仕訳処理が行われる。

例題7－9

A社はD社に￥50,000を貸し付け，同額の約束手形を担保として受け取った。なお期日までの利息￥5,000円を差し引いて，残額について小切手を振り出して支払った。A社とD社の仕訳を示しなさい。

解答・解説

A社	（借）手形貸付金	50,000	（貸）当座預金	45,000
			受取利息	5,000
D社	（借）現　　金	45,000	（貸）手形借入金	50,000
	支払利息	5,000		

Ⅶ　電子記録債権・債務

電子記録債権とは，インターネットなどを用いた新しい類型の金銭債権で，支払う側は電子記録債務を負う。電子記録債権は，電子記録機関の記録原簿に電子記録することが，電子記録債権の発生・譲渡の効力発生の要件となっている。よって，従来の債権である手形であった支払い事務手続に係るコスト（印紙税などの負担），保管・発送に係るコストおよび紛失・盗難のリスクなどが生じないこと，さらに債権が分離可能であるという利便性等を有しており，手形に変わる決済手段として急速に普及している。

一般的な流れは，債権者となる会社が電子債権記録機関へ債権の発生記録を自社の取引銀行を通じて請求し，債務者となる会社は自社の取引銀行より債務の発生登録の通知を受け，それを承諾することで成立する。なお，債務者となる会社から電子債権記録機関へ債務の発生記録を請求することも可能である。

発生登録された電子記録債権は，債権者においては「**電子記録債権**」勘定（資産）として借方に，債務者においては「**電子記録債務**」勘定（負債）として貸方に記載され，仕訳処理されることになる。後に支払期限が到来した際は，自動的に銀行口座を介して決済される。つまり，債務者の銀行口座から資金が引落され，債権者の銀行口座へ払込みが行われることになる。

例題７−10

以下の取引について，Ａ社とＢ社の仕訳を示しなさい。

(1)　Ａ社はＢ社に商品を¥100,000で売り渡し，代金は掛けとした。

(2)　Ａ社はＢ社に対する(1)の売掛金全額につき，取引銀行を通じて電子債権登録機関へ発生登録を請求し，Ｂ社はその発生登録の通知を承諾した。

(3)　(2)の電子記録債権につき支払期日が到来したため，Ａ社の普通預金口座には全額が振り込まれ，Ｂ社の当座預金口座からは同額が引き落とされた。

解答・解説

		借方	金額	貸方	金額
(1)	Ａ社	(売　掛　金)	100,000	(売　　　上)	100,000
	Ｂ社	(仕　　　入)	100,000	(買　掛　金)	100,000
(2)	Ａ社	(電子記録債権)	100,000	(売　掛　金)	100,000
	Ｂ社	(買　掛　金)	100,000	(電子記録債務)	100,000
(3)	Ａ社	(普 通 預 金)	100,000	(電子記録債権)	100,000
	Ｂ社	(電子記録債務)	100,000	(当 座 預 金)	100,000

第8章

その他の債権・債務

Ⅰ　貸付金・借入金

1　貸付金

「貸付金」とは，貸付先より金銭借用証書を受けて，金銭の貸付を行った場合に生じる債権であり，**「貸付金」**勘定（資産）で記帳する。また，この金銭貸付に関わる利息は，**「受取利息」**勘定（収益）で記帳される。

現金などで貸付を行ったときは，貸付金勘定の借方に，貸し付けた金額で記入する。これに対して，貸付金を回収したとき（返済を受けたとき）は，貸付金勘定の貸方に，回収した金額で記入する。

例題８－１

⑴　Ａ社に対して現金￥100,000を貸し付けた。

⑵　Ａ社より上記⑴の貸付金￥100,000のうち，￥60,000について現金にて返済を受け，あわせて利息￥300を現金で受け取った。

解答・解説

⑴	（借）貸付金	100,000	（貸）現金	100,000
⑵	（借）現金	60,300	（貸）貸付金	60,000
			受取利息	300

2　借入金

「借入金」とは，借入先に対して金銭借用証書を渡し，金銭の借入を行った場合に生じる債務であり，「**借入金**」勘定（負債）で記帳する。また，この金銭借入に関わる利息は，「**支払利息**」勘定（費用）で記帳される。

現金などの借入を行ったときは，借入金勘定の貸方に，借り入れた金額で記入する。これに対して，借入金を返済したときは，借入金勘定の借方に，返済した金額で記入する。

例題８－２

(1)　Ａ社より現金¥150,000を借り入れた。

(2)　Ａ社に上記(1)の借入金¥150,000のうち，¥100,000を現金で返済し，あわせて利息¥1,000を現金で支払った。

解答・解説

(1)	(借)	現　　金	150,000	(貸)	借 入 金	150,000
(2)	(借)	借 入 金	100,000	(貸)	現　　金	101,000
		支払利息	1,000			

Ⅱ　立替金・預り金

1　立替金

「立替金」とは，従業員や取引先に対して一時的に金銭を立替払いした場合に生じる債権であり，「**立替金**」勘定（資産）で仕訳処理される。

立替払いしたときは，立替金勘定の借方に，立替払いした金額で記入する。また，立替分が返済されたときは，立替金勘定の貸方にその返済された金額で記入する。

例題8－3

(1) 取引先Ａ社が支払うべき送料¥5,000を，現金にて立替払いした。

(2) 上記(1)のＡ社への立替金につき，小切手にて返金を受けた。

解答・解説

(1)	(借)	立　替　金	5,000	(貸)	現　　　金	5,000
(2)	(借)	現　　　金	5,000	(貸)	立　替　金	5,000

2　預り金

「預り金」とは，従業員や役員から金銭を一時的に預かった場合に生じる債務であり，**「預り金」**勘定（負債）で仕訳処理される。

金銭を預かったときは，預り金勘定の貸方に，預かった金銭の額で記入する。また，預かった金銭を精算したときは，預り金勘定の借方に，その精算した預り金の金額で記入する。

例題8－4

(1) 給料総額¥250,000の支払にあたり，源泉所得税¥25,000を差し引き，手取額を現金で支給した。

(2) 上記(1)の従業員に給料を支給した際に預かった源泉所得税¥25,000を，後日，現金で納付した。

解答・解説

(1)	(借)	給　　　料	250,000	(貸)	預　り　金	25,000
					現　　　金	225,000
(2)	(借)	預　り　金	25,000	(貸)	現　　　金	25,000

Ⅲ　前払金・前受金

1　前払金

「前払金」とは，商品の引き渡しを受ける前に，その代金の一部または全額を手付金あるいは内金として，仕入先に支払った場合に生じる債権であり，「**前払金**」勘定（資産）で仕訳処理される。金銭を前払いしたときは，前払金勘定の借方に，前払いした金額で記入する。また，前払いした金銭を精算するときは，前払金勘定の貸方に，その精算した金額で記入する。

例題8－5

⑴　商品の仕入にあたり，A社に手付金¥10,000を現金で支払った。

⑵　A社から商品¥50,000を仕入れ，代金のうち¥10,000は上記⑴の手付金支払額を充当し，残額は掛けとした。

解答・解説

⑴	（借）	前　払　金	10,000	（貸）	現　　　金	10,000
⑵	（借）	仕　　　入	50,000	（貸）	前　払　金	10,000
					買　掛　金	40,000

2　前受金

「前受金」とは，商品を引き渡す前に，その代金の一部または全額を手付金あるいは内金として，得意先より受け取った場合に生じる債務であり，「**前受金**」勘定（負債）で仕訳処理される。

金銭を前受したときは，前受金勘定の貸方に，前受した金額で記入する。また，前受した金銭を精算するときは，前受金勘定の借方に，精算した金額で記入する。

例題8－6

⑴　商品の注文を受けるにあたり，Ｂ社より内金¥30,000を現金で受け取った。

⑵　Ｂ社に商品¥80,000を売り上げ，代金のうち¥30,000は上記⑴の内金受取額¥30,000と相殺し，残額は掛けとした。

解答・解説

⑴	(借) 現　　金	30,000	(貸) 前 受 金	30,000
⑵	(借) 前 受 金	30,000	(貸) 売　　上	80,000
	売 掛 金	50,000		

Ⅳ　仮払金・仮受金

1　仮払金

「仮払金」とは，現金を支払ったが，①勘定科目が未確定である場合，あるいは②勘定科目は確定しているが金額が未確定である場合に設定され，「**仮払金**」勘定（資産）で仕訳処理される。後日，適切な勘定科目やその金額が確定した場合には，精算処理を行う。

金銭の仮払いを行ったときは，仮払金勘定の借方に，仮払いした金額で記入する。また，仮払いした金銭を精算するときは，仮払金勘定の貸方に，精算した金額で記入する。

例題8－7

⑴　当社従業員の出張にあたり，旅費の見積額¥35,000を現金で支給した。

⑵　出張中の従業員が帰社し，上記⑴の仮払金の精算を行ったところ，旅費は¥29,000であり，残金は現金で受け入れた。

解答・解説

⑴	(借) 仮　払　金	35,000	(貸) 現　　　金	35,000
⑵	(借) 旅費交通費	29,000	(貸) 仮　払　金	35,000
	現　　　金	6,000		

2　仮受金

「仮受金」とは，従業員などから内容不明の入金があった場合に設定され,「**仮受金**」勘定（負債）で仕訳処理される。後日，その入金内容について，適切な勘定科目が明らかになった場合には，精算処理を行う。

金銭の仮受けがあったときは，仮受金勘定の貸方に，仮受けした金額で記入する。また，仮受けした金銭を精算するときは，仮受金勘定の借方に，精算した金額で記入する。

例題８－８

⑴　出張中の営業社員より当店の当座預金口座に内容不明の¥100,000が振り込まれた。

⑵　出張中の営業社員が帰社し，上記⑴の当座預金口座に振り込まれた内容不明の¥100,000は得意先に対する売掛代金の回収であることが判明した。

解答・解説

⑴	(借) 当 座 預 金	100,000	(貸) 仮　受　金	100,000
⑵	(借) 仮　受　金	100,000	(貸) 売　掛　金	100,000

Ⅴ　受取商品券

商品の販売代金を受領する際，現金に代わり，他社（信販会社など），自治体（市役所など）および商工会議所や商工会などが発行する商品券によって支払いを受ける場合がある。商品券を受け取ったときは，その発行者に対して，商品券で受け取った販売代金を請求する債権を得たことになることから，「**受取商品券**」勘定（資産）として借方に記入され，発行者から商品券に係る販売代金を受領した際は「受取商品券」勘定の貸方に記載し，仕訳処理されることになる。

例題8－9

(1) 商品を¥980で販売した際，信販会社発行の商品券¥1,000を受け取り，差額（おつり）の¥20は現金で返金した。

(2) 上記(1)の商品券¥1,000の精算を信販会社に請求し，当座預金口座に振り込まれた。

解答・解説

(1)	(借) 受取商品券	1,000	(貸)	売　　上	980
				現　　金	20
(2)	(借) 当座預金	1,000	(貸)	受取商品券	1,000

Ⅵ　未収入金・未払金

1　未収入金

継続的な営業活動から生じる債権以外の債権であり，例えば固定資産や売買目的有価証券などを売却し，その代金を未だ受け取っていない場合は，「**未収入金**」勘定（資産）で仕訳処理される。

固定資産などの売却代金が未収状態にあるときは，未収入金勘定の借方に記入する。また，未収状態にある売却代金が回収されたときは，その回収額で未収入金勘定の貸方に記入する。

例題８-10

(1)　Ａ社に対して不要になった備品¥30,000を売却し，代金は後日受け取ることとした。(帳簿価格も¥30,000とする)

(2)　上記(1)のＡ社に対する備品売却に伴う未収分¥30,000を現金で受け取った。

解答・解説

(1)	(借) 未 収 入 金	30,000	(貸) 備　　　品	30,000
(2)	(借) 現　　　金	30,000	(貸) 未 収 入 金	30,000

２　未払金

継続的な営業活動から生じる債務以外の債務であり，例えば固定資産や売買目的有価証券などを購入し，その代金を未だ支払っていない場合は，「**未払金**」勘定（負債）で仕訳処理される。

固定資産などの購入代金が未払状態にあるときは，未払金勘定の貸方に記入する。また，未払状態にある購入代金が支払われたときは，その支払額で未払金勘定の借方に記入する。

例題８-11

(1)　Ｂ社より商品配達用の車両¥560,000を購入し，代金は後日支払うこととした。

(2)　過日に購入した上記(1)の配達用車両の未払代金のうち，¥250,000を，小切手を振り出して支払った。

解答・解説

(1)	(借) 車両運搬具	560,000	(貸) 未　払　金	560,000
(2)	(借) 未　払　金	250,000	(貸) 当 座 預 金	250,000

Ⅶ　差入保証金

企業は事業のために，土地や建物を賃貸することがある。その際に賃貸借契約等を締結することになるが，借主は貸主に，その担保として保証金（地域や商慣習によって敷金などと呼ばれることもある）の差し入れを求められる場合がある。保証金は，原則的に，契約が終了した時点で返還されることから，差し入れられた金額を「**差入保証金**」勘定（資産）として借方に記載されることで仕訳処理される。なお，原状回復費用（修繕費に相当する金額）を差し引いて返還される場合や，また，契約により，あらかじめその一部が返還されない旨の定めがある場合もある。

例題 8－12

(1)　店舗用の建物を賃借することとなり，保証金¥300,000を現金にて支払った。

(2)　上記(1)の賃貸借契約が終了し，差し入れていた保証金¥300,000が返還されることとなり，修繕費として¥50,000が差し引かれた金額が普通預金口座に入金された。

解答・解説

(1)	（借）	差入保証金	300,000	（貸）	現　　　金	300,000
(2)	（借）	普 通 預 金	250,000	（貸）	差入保証金	300,000
		修　繕　費	50,000			

第9章

有形固定資産

Ⅰ　固定資産の意義

「固定資産」とは，長期にわたる使用を目的として所有される資産である。

「固定資産」はさらに「有形固定資産」，「無形固定資産」および「投資その他の資産」の３つに分類される。ここで取り上げる「有形固定資産」とは，建物，構築物，備品，車両運搬具，機械装置，土地などの目に見える形態を有する固定資産のことをいう。

有形固定資産のなかでも，時間（期間）の経過あるいは使用とともに経済価値が減少するような建物，構築物，備品，車両運搬具，機械装置等（償却性資産）は，その価値の減少（減価）分を費用として計上（償却）する必要がある。期間の経過・使用に伴う価値の減少部分を費用化することを減価償却という。

Ⅱ　有形固定資産の取得

建物，構築物，備品，車両運搬具，機械装置，土地などの有形固定資産を購入した場合には，「**建物**」勘定，「**構築物**」勘定，「**備品**」勘定，「**車両運搬具**」勘定，「**機械装置**」勘定や「**土地**」勘定など具体的な名称の勘定科目を設けて，その取得原価により借方記入する。なお，有形固定資産の取得原価は，その購入代価に付随費用（その資産を使用できるまでに要した費用）を加算した額となる。

付随費用の具体例として，建物や土地にあっては取得する際に不動産業者に支払う仲介手数料や登記時における登記費用，備品や機械装置にあっては運送業者に支払う引取運賃や据付費，車両運搬具にあっては陸運局での登録手数料などがあげられる。

例題9-1

(1) トラックを営業用に購入し，本体価格¥1,000,000と登録手数料¥10,000を現金にて支払った。

(2) 営業用に土地を購入し，土地代金¥5,000,000，仲介手数料¥50,000，登記費用¥150,000につき，小切手を振り出して支払った。

解答・解説

(1)	(借)	車両運搬具	1,010,000	(貸) 現　　金	1,010,000
(2)	(借)	土　　地	5,200,000	(貸) 当座預金	5,200,000

Ⅲ　有形固定資産の使用・改良・修繕

1　減価償却

有形固定資産は，土地や建設仮勘定を除き，その使用あるいは時間の経過に伴って価値が減少する。その価値の減少を減価と呼ぶ。そのため，その減価分だけ有形固定資産の取得原価を減額し，同額を当期の費用として計上する。これを減価償却といい，費用として計上される減価分は「**減価償却費**」勘定（費用）で借方記入し仕訳処理される。

減価償却は，有形固定資産の取得原価をその耐用期間にわたって各期間に計画的・規則的に配分し，毎期の損益計算を正確に行うことを目的としている。

2　減価償却費の計算手法

減価を直接的に把握することは困難である。そこで，あらかじめ定められた一定の計算方法により，その有形固定資産の取得原価を使用できる期間にわたって，計画的・規則的に配分して費用化することになる。その方法には，定額法，定率法などがある。

⑴　定額法

定額法とは，固定資産の耐用期間中，毎期均等額の減価償却費を計上する方法である。

$$減価償却費 = \frac{取得原価 - 残存価額}{耐用年数}$$

取得原価 ……… 固定資産の購入代価＋付随費用

残存価額 ……… 固定資産の耐用年数経過後の見積売却（処分）額

耐用年数 ……… 固定資産の見積使用可能年数

⑵　定率法

定率法とは，毎期首の未償却残高に一定の率を乗じて減価償却を計上する方法である。

減価償却費 ＝ 未償却残高 × 償却率（定率）

$$償却率 = 1 - \sqrt[n]{\frac{残存価値}{取得原価}}$$

例題９－２

建物￥3,000,000（残存価額￥ 300,000，耐用年数４年）について減価償却費を⑴定額法と⑵定率法により計算しなさい。

$$（償却率 = 1 - \sqrt[4]{\frac{300,000}{3,000,000}} = 0.437659）$$

解答・解説

⑴　定額法

$$減価償却費 = \frac{￥3,000,000 - ￥300,000}{4} = ￥675,000$$

以後，毎期同額の償却費が計上されることとなる。

⑵　定率法

毎期の償却額は次のようになる。

第１期：	(3,000,000 − 0) × 0.437659 =	1,312,977	
第２期：	(3,000,000 − 1,312,977) × 0.437659 =	738,341	
第３期：	(3,000,000 − 2,051,318) × 0.437659 =	415,199	
第４期：	2,700,000 − 2,466,517 =	233,483*	
		2,700,000	

（* 端数は最終年度で調整する）

定額法で減価償却を行えば，毎期均等額を減価償却費として計上されるのに対し，定率法で減価償却を行えば，最初に大きな減価償却費が計上され，以後計上金額が逓減していくことになる。

３　減価償却費の記帳

次に減価償却費の記帳法については，直接法と間接法の２種類ある。

直接法とは，減価償却費を借方記入するとともに，同額を各有形固定資産に対応する固定資産勘定の貸方へ記入し，直接にその帳簿価額を減額する方法である。

間接法は，減価償却費を借方記入するとともに，同額を減価償却累計額として貸方記入する方法をいう。具体的には「**減価償却累計額**」勘定を貸方に記入して仕訳処理する。この方法では，固定資産の帳簿価額は直接減額されることなく，そのまま次期へ繰り越される。

直接法では減価償却費相当額が直接的に固定資産勘定の残高から控除されるので，有形固定資産の勘定残高が帳簿価額と一致する。一方，間接法では固定資産勘定の残高が直接減額されず，その有形固定資産の帳簿価額は，取得原価から「減価償却累計額」勘定の勘定残高を控除して求める。したがって，この減価償却累計額勘定は，評価勘定の性質を有している。評価勘定は，その勘定だけでは意味を持たず，主となる勘定とともに用いることにより，実際の正味額を評価する性質を持つ勘定である。

例題９－３　減価償却費の仕訳

決算にあたり，当期首に取得した建物¥3,000,000（残存価額¥300,000，耐用年数８年）について減価償却を定額法により行う。なお直接法・間接法ともに仕訳を示しなさい。

解答・解説

（直接法）

（借）減価償却費　337,500　（貸）建　物　337,500

（関接法）

（借）減価償却費　337,500　（貸）減価償却累計額　337,500

（注）「減価償却累計額」勘定については，その勘定科目名を用いた「建物減価償却累計額」勘定を使用する場合もある。

４　資本的支出（改良）と収益的支出（修繕）

取得した有形固定資産について，そのまま何もせずに使い続けることができればよいが，その有形固定資産のために支出しなければならない場合がある。例えば建物の改装・増築や，故障した車両運搬具の修理といったケースがあげられる。

その支出が，当該有形固定資産の価値を増加，または耐用年数を延長する場合には，資産の増加として取り扱う。具体的には，その支出額だけ当該有形固定資産の取得原価を増加させる。

また支出があった場合でも，価値の増加や耐用年数の延長はなく，通常予定される修繕，維持のためのものである場合には，「**修繕費**」勘定（費用）として仕訳処理することになる。

例題9-4

所有する建物について増改築し，その代金¥3,000,000を工務店に現金にて支払った。なおこの増改築については，耐用年数の延長をもたらすものである。

解答・解説

(借) 建　　物	3,000,000	(貸) 現　　金	3,000,000

今回の支出は増改築であり，所有する建物の価値を増加または耐用年数を延長させるものであるため，資本的支出に該当する。

例題9-5

店舗のドアが破損したため，原状回復のため現金¥50,000を支払って修理した。

解答・解説

(借) 修　繕　費	50,000	(貸) 現　　金	50,000

ここでは，原状回復のための支出であることから，収益的支出に該当する。

Ⅳ　有形固定資産の処分

不用となった有形固定資産は，売却されることがある。(減価償却費控除後の)帳簿価額と売却代金とに差額が生じた場合には，売却による売却益または売却損が生じる。帳簿価額が売却代金より少ない場合には，その差益については「**固定資産売却益**」(利益)として貸方に記載して仕訳処理する。また帳簿価額が売却代金より高い場合には，その差損については「**固定資産売却損**」(損失)として借方に記載され仕訳処理されることになる。

例題９-６

⑴　取得原価¥800,000（減価償却累計額¥300,000）の営業用トラックを¥400,000で売却し，現金で受け取った。当社は減価償却にかかる記帳につき，間接法を採用している。

⑵　営業用に用いていた帳簿価格¥5,200,000の土地を不動産業者に¥5,500,000で売却し，代金は当座預金に振り込まれた。

解答・解説

⑴

	借方	金額		貸方	金額
（借）	現金	400,000	（貸）	車両運搬具	800,000
	減価償却累計額	300,000			
	固定資産売却損	100,000			

（注）「固定資産売却損」勘定については，その勘定科目名を用いた「車両運搬具売却損」勘定を使用する場合もある。

⑵

	借方	金額		貸方	金額
（借）	当座預金	5,500,000	（貸）	土地	5,200,000
				固定資産売却益	300,000

（注）「固定資産売却益」勘定については，その勘定科目名を用いた「土地売却益」勘定を使用する場合もある。

第10章

収益と費用

Ⅰ　収益と費用

収益とは，一定期間の経済的価値の増加であり，企業の努力の結果達成された効果である。費用は，一定期間の経済的価値の消費・使用（費消）であり，企業が収益を獲得するための努力を示す。

Ⅱ　費用・収益の前払・前受と未収・未払

1　前払・前受と未収・未払の処理

すべての費用および収益は，一会計期間における正しい損益計算を行うために，それらが発生した会計期間に正しく割り当てられるよう処理しなければならない。すなわち，決算時には，費用および収益のうち次期以降のものが含まれている場合には，これらを当期の費用および収益から除外する（前払・前受）。

また，当期の費用および収益であっても，現金預金の入金あるいは出金がなかったため計上されていない場合には，これらを当期の費用および収益に追加する（未払・未収）。

このように，決算では適正な期間損益計算のために費用・収益に関する前払・前受と未収・未払の処理を正しく行う必要がある。

(1)　前払の費用・前受の収益の処理

継続的な役務契約に基づいて費用または収益として計上されたもののうち，次期以降の費用または収益になるべき金額が含まれている場合には，その金額を「**前払費用**」（資産）または「**前受収益**」（負債）の勘定に振り替える。継続的な役務契約によらない費用の前払や収益の前受は前払金や前受金として処理する。

(2)　未払の費用・未収の収益の処理

継続的な役務契約に基づく費用・収益であるがその期中にまだ支出や収入がなされていない場合，「**未払費用**」（負債）または「**未収収益**」（資産）の勘定を用いてその費用または収益を計上する。継続的な役務契約によらない費用の未払や収益の未収は未払金や未収金として処理する。

2　再振替仕訳

再振替仕訳とは，決算時に行った費用・収益に関する前払・前受と未収・未払の整理仕訳を，翌期首に再び元に戻すための逆仕訳手続である。

(1)　前期末に費用・収益の前払・前受処理を行った場合

費用・収益の前払・前受は，当期の費用・収益であるため，当期首に前期末に計上した決算整理仕訳の逆仕訳を行い，当期の費用・収益に加算する。

(2)　前期末に費用・収益の未払・未収処理を行った場合

費用・収益の未払・未収額は，前期の費用・収益であるため，当期首に前期末に計上した決算整理仕訳の逆仕訳を行い，当期の費用・収益から控除する。

例題10-1　費用の未払と再振替

借入金¥4,000,000は，当期6月1日に年利3％，1年間の条件で借り入れたものであり，決算にあたって利息の未払分を計上する（決算日3月31日）。また，翌期首の再振替仕訳を行いなさい。

解答・解説

決算時に次のように仕訳される。

（借）支 払 利 息　　100,000　　（貸）未 払 利 息　　100,000
（翌期首再振替仕訳）
（借）未 払 利 息　　100,000　　（貸）支 払 利 息　　100,000

これに関しては，6/1以降3/31までの10カ月分の利息（4,000,000×3％×10/12＝100,000）は，支払いが翌期となる（未払利息）が，当期に発生した利息は，当期に費用計上される。

例題10－2　収益の未収と再振替

受取手数料の未収分が¥100,000あるため，決算にあたって仕訳を行う。併せて，翌期首の再振替仕訳を行いなさい。

解答・解説

（借）未収手数料　　100,000　　（貸）受取手数料　　100,000
（翌期首再振替仕訳）
（借）受取手数料　　100,000　　（貸）未収手数料　　100,000

未収分の手数料として当期に発生した手数料は，当期に収益計上される。

例題10－3　費用の前払と再振替

支払保険料のうち，¥12,000は当期12月1日に保険に加入し，1年分の保険料を一括して支払ったものである。なお，決算日は3月31日である。併せて，翌期首の再振替仕訳を行いなさい。

解答・解説

（借）前払保険料　　8,000　　（貸）支払保険料　　8,000
（翌期首再振替仕訳）
（借）支払保険料　　8,000　　（貸）前払保険料　　8,000

12/1に支払った1年分の保険料のうち，8カ月分の保険料は前払保険料であり，翌期の費用（12,000×8カ月÷12カ月＝8,000）となるため，当期の費用から控除する。

> **例題10-4** 収益の前受と再振替
>
> 家賃の前受分は¥180,000である。併せて，翌期首の再振替仕訳を行いなさい。

解答・解説

（借）受 取 家 賃　180,000　（貸）前 受 家 賃　180,000

（翌期首再振替仕訳）

（借）前 受 家 賃　180,000　（貸）受 取 家 賃　180,000

前受分の家賃は翌期の収益であるため，当期の収益から控除する。

Ⅲ　貸倒引当金の設定

売上債権が，将来貸倒れとなるおそれがある場合，決算時に，これに備えてあらかじめ売掛金や受取手形の貸倒れ額を見積り計上することを貸倒引当金の設定という。貸倒れの可能性の高い金額をあらかじめ見積もって当期の費用（損失）として計上する。その際の処理は，借方では「**貸倒引当金繰入**」勘定（費用）を用い，貸方では同額を「**貸倒引当金**」勘定（評価勘定）で計上することで，間接的に売上債権を減額する。

1　貸倒引当金の見積金額の算定

貸倒引当金の見積金額の算定は，下記の算式のように行う。

貸倒引当金設定額 ＝（期末売掛金，受取手形等の残高）× 貸倒実績率

ここで，貸倒実績率は，過去の貸倒れの実績により算定する。

2　貸倒引当金の算定

貸倒引当金の計上にあたって，前期末に設定した貸倒引当金の残高が残っている場合，これと当期末に算定した貸倒引当金の金額との差額分を追加計上する方法が用いられる。これは差額補充法と呼ばれる。なお，借方の「貸倒引当金繰入」勘定は費用，貸方の「貸倒引当金」勘定は売上債権に対する評価勘定になる。

（借）貸倒引当金繰入　×××　　（貸）貸倒引当金　×××

例題10-5 貸倒引当金

受取手形と売掛金の期末残高がそれぞれ¥50,000および¥150,000，貸倒引当金の期末残高が¥2,000の場合，決算で行うべき貸倒引当金の設定の仕訳を行いなさい。なお，貸倒引当金は売上債権に対して3％の貸倒を見積もり，差額補充法により計上する。

解答・解説

（借）貸倒引当金繰入　4,000　　（貸）貸倒引当金　4,000

- 貸借対照表上の貸倒引当金の額（50,000＋150,000）×0.03＝6,000
- 損益計算書上の貸倒引当金繰入額　6,000－2,000＝4,000

3　前期以前に発生した売掛金等が貸し倒れた場合の処理

貸倒引当金が設定されている売掛金等が貸し倒れたとき，貸倒引当金の設定額の範囲内であれば，貸倒引当金を取り崩し（貸倒引当金勘定の借方記入），設定金額を超える場合は，超える金額を貸倒損失勘定の借方記入で処理する。

(i)　貸倒額が貸倒引当金以下の場合

（借方）　貸倒引当金　×××　　（貸方）　売掛金等　×××

(ii)　貸倒額が貸倒引当金を超える場合

（借方）　貸倒引当金　×××　　（貸方）　売掛金等　×××
　　　　　貸 倒 損 失　×××（←超過額）

なお，期中に発生した売掛金や受取手形などの債権が貸倒れた場合には，その全額を貸倒損失勘定の借方記入で処理する。

第11章

伝票会計と帳簿組織

Ⅰ　伝票会計

1　伝票の使用

取引が多くなった場合，日々の取引を１冊の仕訳帳に記入する作業は，複数人で分担することもできず効率的ではない。そこで，記帳事務を効率化するために仕訳の様式を定型化した「伝票」という形をとることがある。これにより，勘定科目の集計や複数人での分担作業も容易となるため，多くの会社では，伝票によって取引を記録する伝票会計が採用される。

伝票は，取引が発生したそのつど，所定の伝票に記録し（起票という），日付別，勘定科目別に集計し，総勘定元帳に記入（転記）していく。伝票には複数の種類があるが，どの種類の伝票を使用するかによって，**３伝票制**と**５伝票制**に分類することができる。

2　3伝票制

(1)　3伝票

３伝票制とは，入金伝票・出金伝票・振替伝票からなる伝票会計制度をいう。この伝票制度では，すべての取引を３種類に区別して３種類の伝票に起票する。なお，現金が増加する取引には入金伝票を用い，現金が減少する取引には出金伝票を用いる。

①**入金伝票**：入金取引を記入。

②**出金伝票**：出金取引を記入。

③**振替伝票**：入金取引，出金取引以外の取引を記入。

各伝票の形式は次のように示される。

入金伝票 X1年○月○日	
科　目	金　額

出金伝票 X1年○月○日	
科　目	金　額

振替伝票 X1年○月○日			
科　目	金　額	科　目	金　額

入金伝票と出金伝票の「科目」欄には，相手勘定科目を記入する。現金以外の取引には振替伝票を用い，「科目」欄には，その取引の仕訳の借方科目および貸方科目を記入する。

例題11-1　入金伝票の記入

X1年5月1日，売掛金¥70,000を現金で回収した。

解答・解説

入金伝票　X1年5月1日	
科　目	金　額
売掛金	70,000

参考までに，これを仕訳で示せば次のようになる。

(借) 現　　金　70,000　(貸) 売 掛 金　70,000

例題11-2 出金伝票の記入

X1年6月1日，買掛金¥32,000を現金で支払った。

解答・解説

出金伝票　X1年6月1日	
科　目	金　額
買掛金	32,000

参考までに，これを仕訳で示せば次のようになる。

(借) 買　掛　金　　32,000　　(貸) 現　　　金　　32,000

例題11-3 振替伝票の記入

X1年7月1日，商品¥250,000を売り上げ，代金は掛けとした（3伝票制）。

解答・解説

振替伝票　X1年7月1日			
科　目	金　額	科　目	金　額
売掛金	250,000	売　上	250,000

参考までに，これを仕訳で示せば次のようになる。

(借) 売　掛　金　　250,000　　(貸) 売　　　上　　250,000

(2) 一部現金取引

入金・出金取引とそれ以外の取引が含まれている取引を一部現金取引という。一部現金取引の起票方法には，分解方式（取引を分ける方式）と掛取引とみなす方式（掛取引と回収取引との2つの取引があったものとする方式）がある。

例題11-4 分解方式による伝票

X1年10月1日，商品¥300,000を売り上げ，代金¥80,000は現金で回収し残額は掛けとした（取引を分解する方法による）。

解答・解説

入金伝票　X1年10月1日	
科　目	金　額
売上	80,000

振替伝票　X1年10月1日			
科　目	金　額	科　目	金　額
売 掛 金	220,000	売　上	220,000

参考までに，これを仕訳で示せば次のようになる。

（借）	現　　金	80,000	（貸）売　　上	300,000
	売 掛 金	220,000		

分解方式は，売上取引を現金取引とそれ以外の取引に分けて考える。本例題の場合，売上¥300,000のうち，現金売上部分¥80,000は入金伝票へ，それ以外の部分（¥220,000）は掛売上と考え振替伝票へ記入する。

例題11-5 掛取引とみなす方式による伝票

X1年10月1日，商品¥300,000を売り上げ，代金¥80,000は現金で回収し，残額は掛けとした（掛取引を仮定する方法による）。

解答・解説

振替伝票 X1年10月1日			
科　目	金　額	科　目	金　額
売 掛 金	300,000	売　上	300,000

入金伝票 X1年10月1日	
科　目	金　額
売 掛 金	80,000

掛取引とみなす方式による場合は，いったん全額を現金以外の取引（掛取引）として振替伝票に起票する。すなわち，売上￥300,000はすべて掛取引され（振替伝票），ただちに売掛金のうち￥80,000の現金回収が行われたと仮定する（入金伝票）。

Ⅱ　仕訳集計表（仕訳日計表）

伝票制度では，その取引量の多さに従って，日次・週次・月次に各勘定科目ごとに金額を集計するために仕訳集計表（仕訳日計表・毎日の場合）が作成される。そしてこの仕訳集計表から，総勘定元帳へ転記される。

仕　訳　集　計　表

X1年10月1日

借　方	元丁	勘定科目	元丁	貸　方
80,000		現　　　金		
		当 座 預 金		
		受 取 手 形		
220,000		売　掛　金		
		買　掛　金		
		売　　　上		300,000
		仕　　　入		

Ⅲ　帳簿組織

1　主要簿と補助簿

第2章でも説明したように，簿記上の帳簿には，**主要簿**と**補助簿**がある。主要簿には，仕訳帳と（総勘定）元帳がある。仕訳帳はすべての取引をその取引順（日付順）に仕訳する帳簿であり，元帳は勘定記入のための帳簿をいう。

補助簿は，特定取引あるいは特定の勘定に関する明細を記録する帳簿である。この帳簿は，特定の種類の取引について詳細な記録をする補助記入帳と，特定の種類の勘定についての内訳を記録する補助元帳に分類される。

主要簿	補助簿	種　　類
仕訳帳	補助記入帳	現金出納帳・当座預金出納帳，小口現金出納帳，受取手形記入帳・支払手形記入帳・売上帳・仕入帳など
総勘定元帳	補助元帳	売掛金元帳・買掛金元帳・商品有高帳・固定資産台帳など

2　単一仕訳帳・単一元帳制と分割仕訳帳・分割元帳制

ここで，主要簿である仕訳帳へ発生取引順に仕訳記録を行い，それを総勘定元帳へと個別転記するような帳簿組織制度を単一仕訳帳・単一元帳制という。

一方，基本帳簿である仕訳帳と総勘定元帳の他に，しばしば補助簿が用いられる。補助簿は，主要簿と異なり，必要に応じて任意に設定されるものであるが，仮に補助簿として複数の補助記入帳が採用されるような場合には，記帳が煩雑になる等の問題点が生じる。

このような問題点を克服するために，特定の取引についての補助記入帳への記入がそのまま仕訳記録とされ（仕訳帳に転化），対応する特定の種類の勘定への転記が，一定期間の合計額によって行われるように工夫されたものを特殊仕訳帳という。なおこの場合，該当する特定の取引以外の取引の仕訳記録を行う帳簿を普通仕訳帳といい，前者と区別する。このような仕組みをとる帳簿組織制度を分割仕訳帳制という。また，特定の種類の勘定についての内訳記録として補助元帳を採用している場合，これを分割元帳制という。

第12章

決算手続

Ⅰ　決算の手続

決算とは，期末の決算日に総勘定元帳の記録を整理・集計して帳簿を締め切り，決算日における財政状態を明らかにする**貸借対照表**や，一定期間における経営成績を明らかにする**損益計算書**を作成する一連の手続きをいう。

決算の手続きは，すでに第3章で概観したが，具体的には下記のような手続きで行われる（なお，(1)で作成する試算表から，(3)の貸借対照表と損益計算書を作成する過程を1つの表にまとめた精算表を作成することがある）。

(1)　決算予備手続

① 各勘定を集計して試算表を作成する。

② 決算に必要な整理・修正を行う（棚卸表の作成と決算整理仕訳）。

(2)　決算本手続

① 各帳簿の締切

② 収益の諸勘定と費用の諸勘定を損益勘定に振り替える。

③ 損益勘定で算出した当期純損益（損益勘定の残高）を，繰越利益剰余金勘定に振り替える。

④ 各帳簿を締め切る。

(3)　財務諸表（貸借対照表と損益計算書）の作成

Ⅱ　決算予備手続

1　試算表の作成

試算表に関しては，(1)**合計試算表**，(2)**残高試算表**，(3)**合計残高試算表**があげられる。さらに，英米式決算法に基づき資産・負債・純資産の各勘定残高（次期繰越高）について作成される，**繰越試算表**がある。

例題12－1　残高試算表の作成

次の各勘定科目の期末残高に基づいて残高試算表を作成しなさい。

<勘定科目期末残高>

現金	165,000	当座預金	1,388,650	受取手形	80,000
売掛金	630,000	有価証券	220,000	繰越商品	134,100
貯蔵品	51,000	建物	2,100,000	備品	800,000
支払手形	240,000	買掛金	1,360,000	未払金	160,000
預り金	27,000	前受金	180,000	借入金	240,000
貸倒引当金	14,200	建物減価償却累計額	337,500	繰越利益剰余金	400,000
備品減価償却累計額	240,000	資本金	600,000	仕入	3,807,700
売上	5,858,000	受取手数料	105,000	通信費	31,500
給料	269,000	支払保険料	60,000		
支払利息	24,000	手形売却損	750		

解答・解説

上記勘定科目について資産・費用は借方に，負債・純資産・収益は貸方に記載すればよい。建物および備品の減価償却累計額は間接法による減価償却費の累計額であり，評価勘定（控除項目・マイナス借方項目）として貸方に残高を記入する。

残　高　試　算　表

借　方	勘定科目	貸　方
165,000	現　　　　　金	
1,388,650	当　座　預　金	
80,000	受　取　手　形	
630,000	売　　掛　　金	
220,000	有　価　証　券	
134,100	繰　越　商　品	
51,000	貯　　蔵　　品	
2,100,000	建　　　　　物	
800,000	備　　　　　品	
	支　払　手　形	240,000
	買　　掛　　金	1,360,000
	未　　払　　金	160,000
	預　　り　　金	27,000
	前　　受　　金	180,000
	借　　入　　金	240,000
	貸　倒　引　当　金	14,200
	建物減価償却累計額	337,500
	備品減価償却累計額	240,000
	資　　本　　金	600,000
	繰越利益剰余金	400,000
	売　　　　　上	5,858,000
	受　取　手　数　料	105,000
3,807,700	仕　　　　　入	
269,000	給　　　　　料	
60,000	支　払　保　険　料	
31,500	通　　信　　費	
24,000	支　払　利　息	
750	手　形　売　却　損	
9,761,700	合　　　　　計	9,761,700

2 決算整理事項

決算整理にあたっては棚卸表の作成と決算整理事項の処理がある。

⑴ 棚卸表

決算整理を行う際，次期に繰り越す金額やその内容など，決算整理のために必要とされる項目を一覧表にしたものが**棚卸表**である。これにより，帳簿の記録と事実とを照合し一致させることができる。

⑵ 決算整理事項

決算整理を必要とする項目を**決算整理事項**といい，決算整理で行われる仕訳を**決算整理仕訳**という。おもな決算整理事項は以下のようになるが，これらはすでに対応する各章で学習済である。

① 売上原価の算定
② 固定資産の減価償却
③ 貯蔵品の整理
④ 貸倒引当金の設定
⑤ 費用・収益の前払・前受と未収・未払の処理

⑶ 誤謬訂正（訂正仕訳）

決算時には，改めて一会計期間の処理全体を見直すことになるが，その際，期中の処理の誤りを発見することがある。決算において，それを正しい処理になるように誤謬訂正，すなわち訂正仕訳を行う。

勘定科目の訂正の場合，基本的には反対仕訳を行って誤った仕訳を取り消し，正しい仕訳を行えばよいことになる。

金額の訂正の場合も同じ方法でよいが，過不足額だけ追加仕訳を行うほうがよいであろう。

例題12-2 勘定科目の訂正

A社への掛売上げ時の売掛金¥250,000を，次のように誤って買掛金として処理した。

(借) 買　掛　金　250,000　(貸) 売　　　上　250,000

これに関する取り消し仕訳と正しい仕訳，2つの仕訳を1つにまとめた訂正仕訳を示しなさい。

解答・解説

〈取り消し仕訳〉

(借) 売　　　上　250,000　(貸) 買　掛　金　250,000

〈正しい仕訳〉

(借) 売　掛　金　250,000　(貸) 売　　　上　250,000

〈上記を1つにまとめた訂正仕訳〉

(借) 売　掛　金　250,000　(貸) 買　掛　金　250,000

例題12-3 金額の訂正

商品¥25,000の仕入れにあたり自己の小切手で支払ったとき次のように誤って処理した。

(借) 仕　　　入　35,000　(貸) 当 座 預 金　35,000

これに関する取り消し仕訳（金額の過不足額のみの追加計上）を示しなさい。

解答・解説

(借) 当 座 預 金　10,000　(貸) 仕　　　入　10,000

(4) 現金過不足の処理

決算段階において，なお帳簿上の現金残高と手許にある現金の有高との不一致の原因が判明しない場合，あるいは「現金過不足」勘定に残高がある場合，決算において，雑損（雑損失）勘定または雑益（雑収入）勘定に振り替える。

3　決算整理と総勘定元帳への転記・整理後試算表

決算整理後，総勘定元帳への転記を行ったうえで，各勘定の借方・貸方の合計金額や残高を集計した**決算整理後試算表**を作成することがある。これにより，貸借対照表および損益計算書を容易に作成することができる。

Ⅲ　決算本手続

本節では決算本手続について検討する。本章Ⅰで述べたように決算本手続は，おもに次のような手続きからなる。

(1)各帳簿の締切
(2)収益の諸勘定と費用の諸勘定を損益勘定に振り替える。
(3)損益勘定で算出した当期純損益（損益勘定の残高）を，繰越利益剰余金勘定に振り替える。
(4)帳簿を締め切る。

これに続いて，財務諸表が作成される。

1　帳簿の締切と英米式決算法

帳簿の締切方法には大陸式決算法と英米式決算法とがある。資産・負債・純資産の各勘定を締切るために「残高勘定」を設ける方法が大陸式決算法である。一方，英米式決算法では，総勘定元帳に，「損益勘定」（集合勘定）を設けて，収益・費用を損益勘定に振り替える。そして，資産・負債・純資産の各勘定の貸借差額を「次期繰越」と記入して勘定を締め切る方法である。ここでは英米式決算法による帳簿の締切方法をみていく。

2　総勘定元帳の締切

(1)　収益・費用勘定の締切

収益・費用勘定の締切には，まず総勘定元帳に新たに「**損益勘定**」を設ける。そして収益・費用の各残高を損益勘定に振り替える。このように，新たな勘定に移し替えることを振替といい，そこで行われる仕訳を**振替仕訳**という。

収益・費用の総勘定元帳の締切は，この収益・費用を損益勘定に振り替え，損益勘定の差額として生じる当期純利益または当期純損失を「**繰越利益剰余金**」勘定（純資産）に振り替えることで，貸借が等しくなるので，そこで帳簿の締切を行う。

(2)　資産・負債・純資産勘定の締切

資産・負債・純資産勘定の締切は，各勘定の残高が次期に繰り越す金額であるので，その残高の反対側に「次期繰越」と記入することで，貸借が一致する。そこで，勘定の締切を行う。このように，次期繰越を記入することを「繰越記入」という。

次に，次期繰越額を記入した反対側に次期の最初の日付で，「前期繰越」と記入し，その次期繰越額と同額の残高を記入する。これを「開始記入」という。

例題12-4　帳簿の締切

下記の＜各勘定科目の決算整理後期末残高＞に基づいて，

(1)　収益・費用勘定の締切を示し，損益勘定を作成しなさい。

(2)　現金勘定・買掛金勘定・建物勘定・建物減価償却累計額勘定および繰越利益剰余金勘定の締切を示しなさい。

＜各勘定科目の決算整理後期末残高＞

勘定科目	金額	勘定科目	金額	勘定科目	金額
現金	164,500	預り金	27,000	支払保険料	48,000
当座預金	1,442,150	前受金	180,000	通信費	28,500
受取手形	80,000	借入金	240,000	支払利息	26,400
売掛金	630,000	貸倒引当金	21,300	手形売却損	750
有価証券	220,000	建物減価償却累計額	432,000	雑損	500
繰越商品	129,000	備品減価償却累計額	330,000	減価償却費	184,500
貯蔵品	500	資本金	600,000	貸倒引当金繰入	7,100
建物	2,100,000	繰越利益剰余金	400,000	前払保険料	12,000
備品	800,000	売上	5,858,000	未払利息	2,400
支払手形	240,000	受取手数料	90,000	前受保険料	15,000
買掛金	1,360,000	仕入	3,812,800		
未払金	160,000	給料	269,000		

解答・解説

英米式決算法により，以下のように処理される。

(1) 収益・費用勘定の締切と損益勘定

売　上

3/31損益	5,858,000		5,858,000

受取手数料

3/31損益	90,000		90,000

仕　入

	3,812,800	3/31損益	3,812,800

給　料

	269,000	3/31損益	269,000

支払保険料

	48,000	3/31損益	48,000

通　信　費

	28,500	3/31損益	28,500

減価償却費

	184,500	3/31損益	184,500

貸倒引当金繰入

	7,100	3/31損益	7,100

支払利息

	26,400	3/31損益	26,400

手形売却損

	750	3/31損益	750

雑　損

	500	3/31損益	500

損　益

3/31	仕入	3,812,800	3/31	売上	5,858,000
〃	給料	269,000	〃	受取手数料	90,000
〃	支払保険料	48,000			
〃	通信費	28,500			
〃	減価償却費	184,500			
〃	貸倒引当金繰入	7,100			
〃	支払利息	26,400			
〃	手形売却損	750			
〃	雑損	500			
〃	繰越利益剰余金	1,570,450			
		5,948,000			5,948,000

(2)　現金勘定・買掛金勘定・建物勘定・建物減価償却累計額勘定および繰越利益剰余金勘定の締切

現　　金

	164,500	3/31 次期繰越	164,500
	164,500		164,500
4/1 前期繰越	164,500		

買　掛　金

3/31 次期繰越	1,360,000		1,360,000
	1,360,000		1,360,000
		4/1 前期繰越	1,360,000

建　　物

	2,100,000	3/31 次期繰越	2,100,000
	2,100,000		2,100,000
4/1 前期繰越	2,100,000		

建物減価償却累計額

3/31 次期繰越	432,000		432,000
	432,000		432,000
		4/1 前期繰越	432,000

繰越利益剰余金

3/31 次期繰越	1,970,450		400,000
		3/31 損益	1,570,450
	1,970,450		1,970,450
		4/1 前期繰越	1,970,450

Ⅳ　財務諸表の作成と精算表

本節では財務諸表（貸借対照表と損益計算書）と精算表について検討する。

1　損益計算書および貸借対照表の作成

(1)　損益計算書の作成

損益計算書は，おもに総勘定元帳の損益勘定をもとに作成される。なお，損益勘定と損益計算書上では，表示する科目名が異なる箇所がある。

例えば，①損益勘定では「仕入」を使用するが，損益計算書では「売上原価」と表示する。②損益勘定では「売上」を使用するが，損益計算書では「売上高」と表示する。損益計算書の様式には，勘定式と報告式とがある。

(2)　貸借対照表の作成

貸借対照表も損益計算書と同じく，表示科目等が異なる箇所がある。

例えば，①「繰越商品」は，貸借対照表では「商品」と表示する。②金銭債権（売掛金・受取手形）などの貸倒引当金と建物などの減価償却累計額は，その資産から控除する形で表示する。③前払保険料などの費用の前払は前払費用で，前受手数料などの収益の前受は前受収益で表示する。貸借対照表の様式には，勘定式と報告式とがあるが，勘定式で表示されることが多い。

例題12-5 財務諸表の作成

【例題12－4】より損益計算書と貸借対照表を作成しなさい。

解答・解説

損益計算書

X1年4月1日からX2年3月31日まで

(単位：円)

費用	金額	収益	金額
売上原価	3,812,800	売上高	5,858,700
給料	269,000	受取手数料	90,000
支払保険料	48,000		
通信費	28,500		
減価償却費	184,500		
貸倒引当金繰入	7,100		
支払利息	26,400		
手形売却損	750		
雑損	500		
当期純利益	1,570,450		
	5,948,000		5,948,000

貸借対照表

X2年3月31日

(単位：円)

資産	金額	負債及び純資産	金額
現金	164,500	(負債)	
当座預金	1,442,150	支払手形	240,000
受取手形	80,000	買掛金	1,360,000
売掛金	630,000	未払金	160,000
貸倒引当金	△21,300	預り金	27,000
有価証券	220,000	前受金	180,000
商品	129,000	未払費用	2,400
貯蔵品	500	前受収益	15,000
前払費用	12,000	借入金	240,000
建物	2,100,000	(純資産)	
備品	800,000	資本金	600,000
減価償却累計額	△762,000	繰越利益剰余金	1,970,450
資産合計	4,794,850	負債・純資産合計	4,794,850

2　精算表

⑴　精算表

決算整理前残高試算表から，貸借対照表および損益計算書を作成していく際の一連の流れを一覧表にしたものが，**精算表**と呼ばれる作業表である。具体的には，精算表においては，残高試算表に決算整理仕訳を加味し，損益計算書と貸借対照表が導き出される過程を一覧表示する。精算表の作成は企業の任意とされているが，帳簿決算を行う前に，決算手続きに伴う誤りを防ぎ，決算の内容を概観することができる。精算表には，6桁式，8桁式，10桁式などがある。第2章で述べた6桁精算表に，決算整理仕訳欄を設けたものが8桁精算表であり，8桁精算表に修正後残高試算表欄を設けたものが10桁精算表である。

⑵　精算表の作成手順

①　決算整理仕訳を「修正仕訳」欄に転記する。

②　試算表の金額に,「修正仕訳」欄に記入された金額を加減して，資産･負債･純資産は貸借対照表へ，収益・費用は損益計算書に移記する。

③　損益計算書の収益から費用を引いて,「当期純利益」欄に記入する。

④　同様に貸借対照表において貸借差額を算定し「当期純利益」に記入するか，あるいは③の「当期純利益」を貸方に記入して，貸借一致を確認後，精算表を完成させる。

例題12-6

次の期末整理事項について⑴決算整理仕訳を示し，⑵精算表を作成しなさい。

〈期末整理事項〉

1　現金¥165,000を実査した結果，その実際有高は¥164,500であり，その差額は原因不明である。

2　受取手形と売掛金の期末残高¥80,000および¥630,000に対し，3％の貸倒引当金を差額補充法により計上する。

3　期末商品棚卸高は¥129,000であった。なお，売上原価は「仕入」の行で計算すること（期首の棚卸高は¥134,100）。

4　郵便切手の未使用分（貯蔵品）は¥3,000であった。

5　固定資産について定額法により減価償却を行う。

建物 ¥2,100,000：耐用年数　20年　残存価額は取得原価の10%

備品　¥800,000：耐用年数　 8年　残存価額は取得原価の10%

6　支払保険料¥60,000のうち¥24,000はX1年10月1日に向こう1年分を一括前払いしたものである。

7　借入金¥240,000はX1年12月1日に借入期間1年，年利率3%で借り入れたもので，利息は元本とともに返済期日に支払うことになっている。なお，利息は月割計算で行う。

8　受取手数料の前受分が¥15,000ある。

なお，会計期間はX1年4月1日から，X2年3月31日までの1年間である。

解答・解説

(1)　決算整理仕訳

①現金不足¥500は雑損として処理する。

(借)	雑　　　損	500	(貸) 現　　　金	500

②貸倒引当金を差額分だけ補充する。

(借)	貸倒引当金繰入	7,100	(貸) 貸倒引当金	7,100

（¥80,000 + ¥630,000）× 0.03 − ¥14,200 = ¥7,100

③売上原価の算定処理

(借)	仕　　　入	134,100	(貸) 繰越商品	134,100
(借)	繰越商品	129,000	(貸) 仕　　　入	129,000

④ 貯蔵品の計上

(借)	貯　蔵　品	3,000	(貸) 通　信　費	3,000

⑤ 減価償却費と減価償却累計額の計上

(借)	減価償却費	184,500	(貸) 建物減価償却累計額	94,500
			備品減価償却累計額	90,000

建　物：¥2,100,000×0.9÷20年＝¥94,500

備　品：　¥800,000×0.9÷ 8年＝¥90,000

⑥ 保険料の前払

(借)	前払保険料	12,000	(貸) 支払保険料	12,000

6カ月分の前払：¥24,000 ×(6/12)カ月 = ¥12,000

⑦ 利息の未払

(借)	支　払　利　息	2,400	(貸) 未　払　利　息	2,400

4カ月分の未払：¥240,000 × 0.03 ×(4/12)カ月 = ¥2,400

⑧ 受取手数料の前受

(借)	受取手数料	15,000	(貸) 前受手数料	15,000

(2) 精算表

<u>貸 借 対 照 表</u>

X1年4月1日からX2年3月31日まで

勘定科目	試算表		修正仕訳		損益計算書		貸借対照表	
	借方	貸方	借方	貸方	借方	貸方	借方	貸方
現金	165,000			500			164,500	
当座預金	1,388,650						1,388,650	
受取手形	80,000						80,000	
売掛金	630,000						630,000	
有価証券	271,000						271,000	
繰越商品	134,100		129,000	134,100			129,000	
建物	2,100,000						2,100,000	
備品	800,000						800,000	
支払手形		240,000						240,000
買掛金		1,360,000						1,360,000
未払金		160,000						160,000
預り金		27,000						27,000
前受金		180,000						180,000
借入金		240,000						240,000
貸倒引当金		14,200		7,100				21,300
建物減価償却累計額		337,500		94,500				432,000
備品減価償却累計額		240,000		90,000				330,000
資本金		600,000						600,000
繰越利益剰余金		400,000						400,000
売上		5,858,000				5,858,000		
受取手数料		105,000	15,000			90,000		
仕入	3,807,700		134,100	129,000	3,812,800			
給料	269,000				269,000			
支払保険料	60,000			12,000	48,000			
通信費	31,500			3,000	28,500			
支払利息	24,000		2,400		26,400			
手形売却損	750				750			
	9,761,700	9,761,700						

雑　　損			500		500							
貸倒引当金繰入			7,100		7,100							
貯　蔵　品			3,000				3,000					
減価償却費			184,500		184,500							
前払保険料			12,000				12,000					
未払利息				2,400				2,400				
前受手数料				15,000				15,000				
当期純利益					1,570,450			1,570,450				
合　　計			487,600	487,600	5,948,000	5,948,000	5,578,150	5,578,150				

第13章 株式会社の設立と処理

I　株式会社の設立と増資

1　個人事業と株式会社

個人商店等の個人事業では，個人事業主本人が経営に必要な出資を行うが，事業の拡大に伴い，多くの人からの出資が必要になる場合がある。その際，株式会社を設立し，多くの人から資本を調達することがよく行われる。その出資を行う人を株主という。株主から調達される資本は，原則として資本金として処理される。

個人事業の場合，基本的に，事業の損失に対して**無限責任**を負う。これに対して，株式会社では株主は自己の保有する株式に対してのみ責任を負う。つまり，株式会社では，自己の出資額を限度として**有限責任**を負うにとどまる。このこともあって株式会社形態が採用されることが多い。

2　株式会社の設立と資本金

(1)　株式の発行

株式会社の設立にあたっては，株式の発行を行うが，その際にまず，発起人は**定款**を作成する。定款には，会社の名称（商号），事業の目的，本店所在地，会社が発行できる株式の総数（発行株式総数：授権資本数）などが記載される。設立にあたっては，その授権資本数の4分の1以上を発行する。残りの株式数は，取締役会の決議により自由に発行し，資本金を増加させることができる（増資）。

株式の引受けには，発行株式のすべてを発起人が引き受ける発起設立と，一部を発起人が引き受け，残りは他から募集する募集設立とがある。

(2) 株式会社の資本金

株式会社の場合，原則として株式の払込金額の総額が**資本金**となる。これは資本金勘定の貸方に記入する。ただし，株式の発行価額の**2分の1**の金額までは，資本金としないことができる。その場合，資本金に計上しない部分は，「**株式払込剰余金**」（資本準備金）勘定（純資産）の貸方に記入する。

例題13-1 資本金の組入

A株式会社は会社の設立にあたり，発行可能株式総数2,000株のうち500株を1株¥3,000で発行し，全額の引受けと払込みを受け，払込金額は当座預金とした。なお，資本金の金額は会社法が認める最低額とする。

解答・解説

(借)	当座預金	1,500,000	(貸) 資本金	750,000
			(貸) 株式払込剰余金	750,000

(3) 募集設立と株式申込証拠金

募集設立の場合，株式の申込みを受け，申込期日までに払込金に相当する金額(**株式申込証拠金**)を受け入れる。株式申込証拠金を受入れた際は,「別段預金」勘定の借方に記入するとともに，「株式申込証拠金」勘定（純資産）の貸方に記入する。そして，発行株の全額を割り当てたときに，別段預金勘定を当座預金勘定に振り替えるとともに，株式申込証拠金を「**資本金**」勘定に振り替える。

例題13-2 募集設立

(1) A株式会社は,発行する株式総数300株を1株¥4,000で募集設立する。応募者から，株式申込証拠金として，300株の発行価額と同額を別段預金に受け入れた。

(2) 上記A株式会社は,発行株の全額の割当てを完了したので別段預金を当座預金に預け替えるとともに，株式申込証拠金を資本金勘定に振り替えた。

解答・解説

(1)	(借) 別段預金	1,200,000	(貸) 株式申込証拠金	1,200,000
(2)	(借) 当座預金	1,200,000	(貸) 別段預金	1,200,000
	(借) 株式申込証拠金	1,200,000	(貸) 資本金	1,200,000

3　増　資

会社設立後，会社は株式総数（授権株式数）の範囲内で，取締役会の決議により自由に株式を発行することができる。これを**増資**という。

通常，増資を行う場合には，株式の申込みを受け，申込期日までに払込金に相当する金額を株式申込証拠金として受け入れる。株式申込証拠金を受け入れた際は，別段預金勘定の借方に記入するとともに，「**株式申込証拠金**」勘定（純資産）の貸方に記入する。そして，発行株の全額を割り当てたときに，別段預金勘定を当座預金勘定に振り替えるとともに，新株式申込証拠金を資本金に振り替える。なお，株式の発行価額の**2分の1**の金額までは，資本金としないことが認められる。その場合，資本金に計上しない部分は，資本準備金（株式払込剰余金）勘定の貸方に記入する。

例題13-3

(1)　A株式会社は，株式500株を1株¥50,000で発行し，応募者から，申込証拠金として，500株の発行価額と同額を別段預金に受け入れた。

(2)　A株式会社は，発行株の全額を割り当てて，別段預金を当座預金に預け替えるとともに，新株式申込証拠金を資本金勘定に振り替えた。

解答・解説

(1)	(借) 別段預金	25,000,000	(貸) 株式申込証拠金	25,000,000
(2)	(借) 当座預金	25,000,000	(貸) 別段預金	25,000,000
	(借) 株式申込証拠金	25,000,000	(貸) 資本金	25,000,000

Ⅱ　株主資本と剰余金の処分

1　純資産の部と株主資本

純資産の部には，株主資本・評価換算差額・新株予約権などが含まれるが，最も基本的なのは株主資本である。株主資本は，次のような項目からなる。

①資本金
②資本剰余金｛資本準備金・その他資本剰余金｝
③利益剰余金｛利益準備金・その他利益剰余金｝
④自己株式

株主資本のうち資本金を超える部分を剰余金という。剰余金は，**資本剰余金**と**利益剰余金**とからなり，資本剰余金はさらに資本準備金とその他資本剰余金に分けられる。利益剰余金は利益準備金とその他利益剰余金に分けられる。

準備金つまり資本準備金と利益準備金は，会社法によって積立てが強制されるものである。資本準備金には株式払込剰余金や合併差益などがあげられる。その他利益剰余金は，任意積立金と繰越利益剰余金に分けられる。当期純利益はその他利益剰余金における繰越利益剰余金に振り替えられる。

自社の株式を取得したときは有価証券として資産に計上するのではなく，株主資本の減少項目として「自己株式」の借方に記入し，売却したときはその貸方に記入する。

株主への配当は，当期純利益および剰余金をあてることができる。当期純利益は繰越利益剰余金へ振り替えられる。配当にあたって準備金を使用することはできないので，より具体的にはその他利益剰余金とその他資本剰余金をあてることとなる。

なお，評価・換算差額等については，例えばその他有価証券評価差額金・土地再評価差額金・繰延ヘッジ損益などが含まれる。

2　当期純利益の処理

決算において純利益（純損失）が損益勘定に集計されると，その金額は繰越利益剰余金勘定の貸方（借方）に振り替えられ，次期に繰り越される。

例題13-4 当期純利益の振替

A株式会社は，決算の結果，当期純利益¥95,000を計上した。これについて仕訳しなさい。

解答・解説

(借) 損　益	95,000	(貸) 繰越利益剰余金	95,000

3　剰余金の配当と処分

翌期の株主総会において**剰余金の処分**が決定される。剰余金の処分によって，株主への配当がなされ，あるいは各種の準備金や積立金として企業内部に積み立てられる。それとともに剰余金勘定の貸方からそれぞれの処分に関連する勘定の貸方へ振り替えられる。ここでは剰余金の配当・処分にあたり中心となるのは繰越利益剰余金である。

(1)　剰余金の配当

株主へ剰余金を**配当**する場合，当該剰余金の配当によって減少する剰余金の額の**10分の1**を，資本準備金と利益準備金との合計額が，資本金の**4分の1**に達するまで，資本準備金または利益準備金として積み立てなければならない（会社法445条4項）。これより明らかなように，剰余金の配当にあたっては，おもにその他利益剰余金（繰越利益剰余金）を使用することが多いが，その他資本剰余金も使用することができる。

繰越利益剰余金で配当する場合は，繰越利益剰余金を，「**未払配当金**」勘定の貸方に振り替える。ただしその場合，一定額（配当額の10分の1）以上を利益準備金として積み立てる。

その他資本剰余金を配当にあてた場合にも，その金額の10分の1以上を，資本準備金として積み立てることとなる。

(2)　任意積立金

繰越利益剰余金を処分する場合，株主総会の決議または定款の定めにより，会社の意思で任意に積立を行うことがある。これは**任意積立金**と呼ばれ，配当平均積立金，設備拡張積立金，新築積立金，減債積立金のように特定の目的をもって積み立てられる目的積立金と，特定の目的を持たずに積み立てられる別途積立金とがある。

任意積立金の積立が決定した場合は，繰越利益剰余金を，該当する各種積立金勘定の貸方に振り替える。

例題13-5 株式会社の剰余金処分

A株式会社（資本金¥500,000，資本準備金¥30,000，利益準備金¥10,000）は，株主総会において繰越利益剰余金¥98,000の配当と処分を次のように決定した。

- 株主配当金　¥5,000
- 別途積立金　　¥800
- 利益準備金：会社法が定める最低限度額

解答・解説

(借)			(貸)	
繰越利益剰余金	6,300		未払配当金	5,000
			利益準備金	500
			別途積立金	800

ここで，A社の資本金¥500,000の4分の1は¥125,000であり，資本準備金と利益準備金 の合計は¥40,000であるから，両者の差額¥85,000までは準備金に積み立てることが必要となる。これより，株主配当金の10分の1である利益準備金¥500を最低限積み立てる必要がある。

(3) 純損失の処理等

純損失の場合，繰越利益剰余金の借方残高となる。その損失の補てん（処理）が株主総会により決定された場合は，取り崩した各勘定の借方に取崩額を記入するとともに，当該金額を繰越利益剰余金の貸方に記入する。補てんしきれない純損失が出た場合には，繰越利益剰余金は借方残高として次期に繰り越す。また，処分されない繰越利益剰余金の貸方残高があった場合も，そのまま次期に繰り越す。

4　自己株式の取得・処分

自己株式を購入（取得）し，売却（処分）することが認められる。自己株式を取得することは実質的な減資の効果を持つ。したがって，株主資本の控除として「自己株式」勘定の借方に記入する。この自己資本は，株式市場で売却することができる。その際に取得額より高く売却したときは「自己株式処分益」とし，逆の場合は「自己株式処分損」として処理する。自己株式は，新株予約権が行使された場合にも使用することができる。「自己株式処分益」はその他資本剰余金の貸方へ振り替えられる。

5　株主資本等変動計算書

貸借対照表の純資産における金額は期末における有高を示す。資本取引の増加と複雑化により，株主資本等に関する変動と変動事由についての計算が求められるようになった。このために作成されるのが**株主資本等変動計算書**である。

例題13-6　当期純利益の振替

下記のデータについて⑴仕訳し，⑵株主資本等変動計算書を作成しなさい。

①　X1年4月に新株の発行による増資¥500を実施し，資本金¥250，資本準備金¥250をそれぞれ計上した。

②　X1年6月の株主総会において繰越利益剰余金から配当¥150と利益準備金への繰り入れ¥15を決議し，配当を行った。

③　X2年3月期の当期純利益は¥200である。

④　その他有価証券¥20の時価は¥23であった。

⑤　X2年3月期において自己株式¥8取得した。

解答・解説

(1) 仕訳

①新株の発行

(借)	当座預金	500	(貸) 資本金	250
			資本準備金	250

②剰余金の配当（利益準備金積立て）

(借)	繰越利益剰余金	165	(貸) 当座預金	150
			利益準備金	15

③当期純利益の処理

(借)	損益	200	(貸) 繰越利益剰余金	200

④その他有価証券評価差額金の仕訳

(借)	その他有価証券	3	(貸) その他有価証券評価差額金	3

⑤自己株式の取得

(借)	自己株式	8	(貸) 当座預金	8

(2)　株主資本等変動計算書の作成

株主資本等変動計算書

（単位：円）

	株式資本									評価換算差額等	純資産合計
	資本金	資本剰余金			利益剰余金				自己株式	その他有価証券評価差額金	
		資本準備金	その他資本剰余金	資本剰余金合計	利益準備金	その他利益利益剰余金		利益剰余金合計			
						任意積立金	繰越利益剰余金				
前期末残高	750	30	20	50	15	5	80	100	0	0	900
当期変動額											
新株の発行	250	250		250							500
剰余金の配当					15		△165	△150			△150
当期純利益							200	200			200
その他有価証券評価差額金増減										3	3
自己株式取得									△8		△8
変動額合計	250	250	0	250	15	0	35	50	△8	3	545
当期末残高	1,000	280	20	300	30	5	115	150	△8	3	1,445

Ⅲ　社債の処理

1　社債とその発行

社債は，株式とならぶ企業の資金調達（証券資本調達）の重要な手段である。株式は株主から調達される自己資本であるのに対し，社債は有価証券としての社債券の発行により社債権者から一定期間（償還期限内）調達される借入資本ないし他人資本の一種である。

社債はその償還期限内に毎期一定の社債利息が支払われる。社債の発行にあたっては，その発行価額が券面額を上回る場合（打歩発行），両者が一致する場合（平価発行），発行価額が券面額を下回る場合（割引発行）が考えられる。

わが国では割引発行が一般的である。社債の募集を行い，申込者から社債全額の払込みがあった後に社債券が発行される。

2　社債の償還

社債償還の方法に関しては，(1)満期償還（定時償還），(2)抽選償還，(3)買入償還がある。**満期償還**は満期日にすべての社債を額面金額で償還する方法である。**抽選償還**は，償還期限前に抽選により社債を償還するものであるが，通常その償還は額面金額で行われる。**買入償還**は，企業が，随時，証券市場から社債を買い入れるものであり，買入価額（時価）と額面金額とが異なるのが通常である。

買入償還のようにその買入価額と額面金額との間に差があるときは，その差額につき社債償還損益を生ずる。また，償還期限前に社債が償還され消却されるので，額面額と償却原価との差額分（および社債発行費の未償却分）もまた償還にあたり社債償還損益に含まれる。抽選償還の場合に額面金額で償還されるときは，社債（買入）償還差額は生じず，額面額と償却原価との差額分（および社債発行費の未償却分）が社債償還損となる。

例題13－7

Ｘ１年４月１日に社債￥100,000を@￥100につき@￥98，年利率２％（３月末支払），償還期限５年の条件で発行した。当期のＸ３年４月１日に@￥100につき@￥99で全額を買入償還し，小切手を振り出して支払った。なお，決算は年１回３月末である。償却原価法（定額法）を適用する。この場合の(1)発行時と(2)買入償還時の仕訳を示しなさい（Ｘ１年発行）

解答・解説

(1)　社債発行時

（借）当　座　預　金　98,000　　（貸）社　　　　債　98,000

⑵　買入償還時

１年後（X２年）に社債は,償却原価法（定額法）により１年につき¥400（=（100,000－98,000）÷５）増加する。X３年３月末には¥98,800となる。X3年４月１日の買入償還時には次のようになる。

(借)	社　　　　　債	98,800	(貸) 当　座　預　金	99,000
	社 債 償 還 損	200		

社債償還のための資金を確保するため，**減債基金**や**減債積立金**が設けられることがある。減債基金に関しては，減債用定期預金，減債用有価証券，減債用信託預金として投資その他の資産に掲記する。また，減債積立金は，任意積立金の一種として積み立てられる。これは社債の償還時に減債積立金取崩益に振り替えられる。

３　新株予約権付社債

社債に関しては，一般の社債（普通社債）のほかに**新株予約権付社債**がある。新株予約権付社債は，新株予約権を行使するときは必ず社債償還額が株式の払込金額にあてられる社債である。新株予約権付社債は，権利の行使がなされたとき，資本金とこれに組み入れられない部分は株式払込剰余金に振り替えられる。

新株予約権付社債の発行時の処理にあたり，社債の対価部分と新株予約権の対価部分とに区分する場合，社債の対価部分は普通社債の発行に準じて処理する。新株予約権の対価部分は，純資産の部に計上し，権利が行使されたときは，株主資本（資本金・株式払込剰余金）に振り替える。行使されずに権利行使期限が到来したときは「**新株予約権戻入益**」（特別利益）勘定の貸方に記入する。

第14章

株式会社の資産会計詳説

Ⅰ　株式会社の有価証券

1　株式会社の有価証券の処理

株式会社が取得・保有する有価証券には，株式のほかに社債・国債・公債などがある。株式を保有していれば，配当や値上りによる利益を得ることができ，社債，国債，公債（地方債）を保有していれば，利息による収入を得ることができる。このことから，余剰資金のある企業はその運用のために有価証券を購入し保有する場合がある。また他の会社を子会社として支配する目的でその会社の株式を保有する場合もある。

有価証券は，その保有目的等に従って，次の５つに分類される。

⑴　売買目的有価証券（時価の変動により利益を得ることを目的として保有する有価証券）…時価で評価し，評価差額は当期の損益として処理する。

⑵　満期保有目的債券（満期保有を目的とする社債その他の債券）…取得原価または償却原価法を適用する。取得価額と債券金額との差額の性格が金利の調整と認められる場合，償却原価法が適用される。

⑶　関係会社（子会社株式・関連会社）株式…事業投資と同様の考えに基づき取得原価によって評価する。

⑷　その他有価証券…その保有目的が多様であることから，時価によって評価する。評価差額は洗い替え方式に基づき，①合計額を純資産の部に計上するか，②評価損は当期の損失とし評価益は純資産の部に計上する。純資産の部に計上される評価差額については，税効果会計が適用される。

⑸　市場価格のない有価証券…社債その他の債券については，債権の貸借対

照表価額に準ずる（取得原価または償却原価法）。それ以外の有価証券は，取得原価による。

売買目的有価証券および決算期後１年以内に満期が到来する社債その他の債券は流動資産の部に記載される。

2　有価証券の取得

有価証券を取得した場合には，購入価格に買入手数料等の付随費用を含めた金額が取得原価となる。

有価証券は，その保有目的ごとに，売買目的（トレーディング目的）を取得した場合には「**売買目的有価証券**」勘定（資産），満期保有目的債券を取得した場合には「**満期保有目的債券**」勘定（資産），子会社株式および関連会社株式を取得した場合には，「**子会社株式**」勘定（資産）および「**関連会社株式**」勘定（資産），その他有価証券を取得した場合には「**その他有価証券**」勘定（資産）にそれぞれ借方に記入する。

例題14-1

(1)　B社はC社の株式を売買目的により１株当たり¥42,000で15株購入し，証券会社への手数料¥2,000とともに小切手を振り出して支払った。

(2)　D社は満期保有目的でA社の社債（額面金額¥1,000,000）を額面@100につき@¥94で購入し，代金は現金で支払った。

(3)　Z社は，F社株式¥1,200,000を小切手を振り出して購入した。なお，取得した株式はその他有価証券に該当する。

解答・解説

(1)	(借) 売買目的有価証券	632,000	(貸) 当座預金	632,000
(2)	(借) 満期保有目的債券	940,000	(貸) 現金	940,000
(3)	(借) その他有価証券	1,200,000	(貸) 当座預金	1,200,000

3　有価証券の利息と配当金

有価証券を所有している場合，株式については配当金を受け取り，国債や社債などについては利息を得る。株式による配当金を受け取った場合には，「**受取配当金**」勘定（収益）の貸方に記入し，国債や社債より利息を得た場合には「**受取利息**」勘定（収益）または「**有価証券利息**」勘定（収益）の貸方に記入する。

例題14-2

(1)　B社は所有するA社の株式につき，¥20,000の配当を現金にて受け取った。

(2)　Z社は所有するV社の社債につき，¥34,000の利息を現金にて受け取った。

解答・解説

(1)	(借) 現　金	20,000	(貸) 受取配当金	20,000
(2)	(借) 現　金	34,000	(貸) 受取利息	34,000

4　有価証券の売却

売買目的で購入した有価証券を後日売却する場合には，「売買目的有価証券」勘定の貸方にその取得原価を記入する。

その際に，売却する有価証券の取得原価が売却額より低い場合に生ずる差益は「**有価証券売却益**」勘定（収益）の貸方に記入し，取得価額が売却額より高い場合に生ずる差損は「**有価証券売却損**」勘定（費用）の借方に記入する。

例題14-3

(1)　先に1株当たり¥41,000で購入したC社の株式を1株55,000円で10株売却し，現金で受け取った。

(2)　先に1株当たり¥65,000で購入したY社の株式を1株50,000円で5株売却し，現金で受け取った。

解答・解説

(1)	(借) 現　　　　金	550,000	(貸) 売買目的有価証券	410,000
			有価証券売却益	140,000
(2)	(借) 現　　　　金	250,000	(貸) 売買目的有価証券	325,000
	有価証券売却損	75,000		

5　有価証券の評価

(1)　売買目的有価証券

売買目的で保有する有価証券は，時価で評価し貸借対照表価額とする。この場合において，時価が売買目的有価証券の帳簿価額を上回る（時価＞帳簿価額）場合は，その差額を「**有価証券評価益**」勘定（収益）の貸方に，帳簿価額を下回る（時価＜帳簿価額）場合は,「**有価証券評価損**」勘定（費用）の借方に記入する。これにより，売買目的有価証券による投資の成否が明らかとなる。

また，売買目的有価証券の評価差額の処理については，**切放法**と**洗替法**という2つの処理方法がある。切放法は，評価替された有価証券については，翌期においても評価替されたその時価評価額を帳簿価額とする方法である。洗替法は，時価評価した評価差額につき，翌期首において再振替を行い，時価評価する前の帳簿価額に戻す方法である。

例題14-4

(1)　決算時に，売買目的で所有していたＥ社（取得原価@￥10,000）10株を時価である@￥17,000に評価替えした。

(2)　決算時に，売買目的で所有していたＧ社（取得原価@￥300）200株を時価である@￥170に評価替えしなさい。

解答・解説

(1)	(借) 売買目的有価証券	70,000	(貸) 有価証券評価益	70,000
(2)	(借) 有価証券評価損	26,000	(貸) 売買目的有価証券	26,000

⑵ 満期保有目的債券

満期保有目的債券は，原則として取得原価をもって貸借対照表価額とする。ただし，債券金額より低い価額または高い価額で取得した場合において，取得原価と債券金額との差額が金利の調整と認められる場合には，**償却原価法**に基づいて算定された価額をもって貸借対照表価額とされる。償却原価法は，金利調整差額に相当する価額を償還期まで毎期一定の方法で貸借対照表価額に加減する方法である。この金利調整差額に相当する額は，利息に相当することから，その割引額の一定額を「有価証券利息」勘定（収益）として貸方に記入する。

例題14-5

⑴ X1年4月1日にH社は満期保有目的でA社の社債（額面金額¥1,000,000償還日X4年3月31日）を額面@100につき@¥94で購入し，代金は現金で支払った。

⑵ X2年3月31日の決算日において，上記社債につき償却原価法（定額法）を適用する。

解答・解説

⑴	（借）満期保有目的債券	940,000	（貸）現　　　　金	940,000
⑵	（借）満期保有目的債券	20,000	（貸）有価証券利息	20,000

⑶ その他有価証券

その他有価証券は，時価をもって貸借対照表価額とする。時価と取得原価との差額である評価差額は，時価が取得原価を上回る（時価>取得原価）の場合は貸方に，下回る（時価<取得原価）の場合には借方に，「**その他有価証券評価差額金**」勘定（純資産）として処理する（**全部純資産直入法**）。

例題14-6

⑴　X1年4月1日にG社は，F社株式¥1,200,000を小切手を振り出して購入した。なお，取得した株式はその他有価証券に該当する。

⑵　X2年3月31日の決算日に，上記F社の株式の時価は1,500,000である。

解答・解説

⑴	(借)	その他有価証券	1,200,000	(貸) 当座預金	1,200,000
⑵	(借)	その他有価証券	300,000	(貸) その他有価証券評価差額金	300,000

Ⅱ　固定資産会計

1　無形固定資産

⑴　無形固定資産の意義

無形固定資産とは，具体的形態を有しないが，長期にわたって企業に経済的便益を有するものおよび法的な保護をもたらすものであり，合併等で取得したのれんや法律上の権利である特許権等とソフトウェアなどが含まれる。

⑵　法律上の権利

無形固定資産に含まれる法律上の権利には，特許権・商標権・鉱業権などがある。これらの権利を取得した場合には，権利取得に要した支出額の合計額（購入代価＋付随費用）を取得原価とする。

法律上の権利については，原則として一定の耐用年数にわたって取得原価の全額を定額法により行い，その償却額は借方に記入する。なお，鉱業権については生産高比例法での償却が認められる。

例題14-7

⑴　当期首にA社は，Z社から，特許権¥10,000を取得した。なお，特許権取得に要した費用¥1,000とともに代金を小切手で支払った。

⑵　決算において，上記の特許権を償却する。償却期間は8年である。

解答・解説

⑴	(借)特許権	11,000	(貸)当座預金	11,000
⑵	(借)特許権償却	1,375	(貸)特許権	1,375

⑶　のれん

のれんは，被取得企業の収益力が他の同種企業の平均収益力と比較した場合，その収益力が超過している場合おける超過収益力をいう。

のれんが資産計上されるのは，他企業からの合併・買収などで有償取得したのれんに限られ，「**客観のれん**」や「**買入のれん**」と呼ばれるものである。

のれんは，有償で譲り受けた他企業・事業等の純資産評価額から取得の対価として支払った額との差額である。この差額が純資産評価額を超える部分がのれんであり，「**のれん**」勘定（資産）の借方に記入する。

のれんについては，20年以内のその効果の及ぶ期間にわたって定額法その他合理的な方法で規則的償却する。のれんの償却は，「**のれん償却**」勘定（費用）の借方に記入する。

例題14-8

⑴　当期首にF社は，M社（諸資産¥700,000　諸負債¥200,000）を，¥800,000で小切手を振り出して取得した。

⑵　決算あたり，上記ののれんを償却する。なお当該のれんの償却期間は5年であり，定額法により処理する。

解答・解説

(1)	(借) 諸　資　産	700,000	(貸) 諸　負　債	200,000
	の　れ　ん	300,000	当座預金	800,000
(2)	(借) のれん償却	60,000	(貸) の　れ　ん	60,000

(4) ソフトウェア

ソフトウェアとは，コンピュータを機能させるように指令を組み合わせて表現したプログラム等をいう。自社利用目的のソフトウェアは，その利用が将来の収益獲得あるいは費用削減が認められる場合には，将来の収益獲得等の観点から，取得に要した金額を「**ソフトウェア**」勘定（資産）として計上する。

なお，制作途中のソフトウェアの制作費については，「**ソフトウェア仮勘定**」勘定（資産）として借方に記入する。

自社利用目的のソフトウェアは，残存価額はゼロとして定額法により償却し「**ソフトウェア償却**」勘定（費用）の借方に記入する。

例題14-9

(1)　当期首にC社は，外部に開発を依頼していたソフトウェア¥50,000を現金で購入した。なお，このソフトウェアの利用により将来の費用削減に役立つとされる。

(2)　決算にあたり，上記のソフトウェアを償却する。このソフトウェアの利用可能期間は4年である。

解答・解説

(1)	(借) ソフトウェア	50,000	(貸) 現　　金	50,000
(2)	(借) ソフトウェア償却	12,500	(貸) ソフトウェア	12,500

2　投資その他の資産

(1)　投資その他の資産

投資その他の資産とは，子会社株式その他の流動資産に属しない有価証券，出資金，長期貸付金ならびに有形固定資産，無形固定資産および繰延資産に属するもの以外の長期資産である。これは，他企業の支配や影響力の行使，長期的な資金運用をするものであり，関係会社株式（子会社株式，関連会社株式），満期保有目的債券，その他有価証券，長期貸付金，長期前払費用等が含まれる。

(2)　長期前払費用

前払費用とは，一定の契約に従い，継続して役務の提供を受ける場合，いまだ提供されていない役務に対して支払われた対価をいう。このうち，**1年基準**（ワンイヤー・ルール：one year rule）を適用して，決算日の翌日から起算して1年を超えて費用化するものを「**長期前払費用**」勘定（資産）として記入する。

例題14－10

(1)　X1年12月1日に，3年間の保険料¥108,000を現金で支払った。
(2)　X2年3月31日（決算日）において，上記の保険料を適正に処理する。

解答・解説

(1)	(借)	保険料	108,000	(貸) 現金	108,000
(2)	(借)	前払保険料	36,000	(貸) 保険料	96,000
		長期前払保険料	60,000		

Ⅲ　繰延資産

1　繰延資産の計上

繰延資産は，すでに発生した費用であるがその影響が将来の期間に及ぶ特定の項目について，その効果が及ぶ数期間に費用を合理的に配分するために経過的に資産として計上するものである。これには⑴創立費，⑵開業費，⑶株式交付費，⑷社債発行費等，⑸開発費があげられる。

⑴　創立費… 会社設立にあたり発生した諸費用であり，例えば，定款作成の費用，創立事務諸経費，設立登記費用などがあげられる。

⑵　開業費… 会社設立後開業するまでに要した開業準備のための諸費用であり，開業準備に要した不動産賃借料，広告宣伝費，通信費，消耗品費等である。

⑶　株式交付費…新株発行・自己株式処分のために直接支出した費用であり，例えば株主募集広告費等である。

⑷　社債発行費等… 社債発行・新株予約権発行のために直接支出した費用であり，社債券等の印刷費，募集広告費，社債登記の登録免許税等が含まれる。

⑸　開発費… 新技術または新経営組織の採用，資源の開発，市場の開拓等のため支出した費用，生産能率の向上または生産計画の変更により，設備の大規模な配置替えを行った場合等の費用をいう。ただし経常費の性格をもつものは含まれない。

2　繰延資産の償却

創立費・開業費を繰延資産として計上したときは，会社設立後５年以内にその効果の及ぶ期間にわたり，定額法により償却する。創立費・開業費を償却したときは，創立費償却・開業費償却勘定の借方に記入するとともに，創立費・開業費勘定の貸方に記入する。

株式交付費を繰延資産として計上した場合には，株式交付後３年以内でその効果の及ぶ期間にわたり，定額法により償却する。

社債発行費に関しては社債の償還までの期間にわたり利息法により償却をするが，継続適用を条件として定額法による償却も認められる。新株予約権発行にかかる費用についてはその発行のときから３年以内のその効果の及ぶ期間にわたって定額法によって償却する。

開発費は，その支出のときから５年以内のその効果の及ぶ期間にわたって定額法その他の合理的な方法により償却する。

それぞれの繰延資産項目を償却したときは，当該費用償却勘定の借方に記入するとともに，各繰延資産項目勘定の貸方に記入する。

例題14－11

(1)　Ｂ社は，会社設立に要した諸費用￥800,000について小切手を振り出して支払った。

(2)　決算に際し，上記創立費を５年間で定額法により償却した。

解答・解説

(1)	(借)	創立費	800,000	(貸) 当座預金	800,000
(2)	(借)	創立費償却	160,000	(貸) 創立費	160,000

第15章　負債性引当金等の処理

Ⅰ　引当金

1　引当金の意義

引当金は，適正な期間損益計算のため，費用（収益控除を含む）または損失を見積計上するために設定される貸方項目（資産控除項目および負債項目）である。引当金は，①将来の特定の費用または損失であること，②その発生が当期以前の事象に起因すること，③その発生の可能性が高いこと，および④その金額を合理的に見積ることができること，の４つの要件を満たす場合に計上される。

2　引当金の分類

引当金は，貸借対照表の観点から，**評価性引当金**と**負債性引当金**とに大別することができる。後者はさらに，債務性のある引当金と債務性のない引当金に分類することができる。

⑴　評価性引当金（資産控除項目）　例：貸倒引当金

⑵　負債性引当金（負債の部に計上）

①　債務性のある引当金（条件付き債務としての引当金）

例：退職給付引当金，製品保証引当金，売上割戻引当金，賞与引当金，工事補償引当金　等

②　債務性のない引当金（特定の支出または損失に備えるための引当金）

例：修繕引当金　等

3　退職給付引当金

退職給付引当金は，前項でみた負債性引当金のうち，債務性のある引当金の代表例であり，労働協約等によって従業員に対し支給される退職給付（退職一時金，退職年金等）費用の見積計上に係る引当金である。

例題15-1

⑴　決算時

X1年3月31日の決算にあたり，当期分の退職給付引当金の繰入額¥100,000を計上する。

⑵　従業員の退職時（退職金の支給時）

X2年6月30日，従業員の退職金¥500,000を普通預金より支払った（退職給付引当金の残高は¥1,100,000）。

解答・解説

⑴	（借）退職給付費用	100,000		（貸）退職給付引当金	100,000
⑵	（借）退職給付引当金	500,000		（貸）普通預金	500,000

4　修繕引当金

修繕引当金は，負債性引当金のうち，債務性のない引当金の代表例であり，当期に固定資産の経常的な修繕を行う事実が発生しているにもかかわらず，企業が当期に修繕が未済の場合の，修繕費用の見積計上に係る引当金である。

例題15-2

⑴　決算時

X1年3月31日の決算にあたり，当期分の修繕引当金の繰入額¥50,000を計上する。

⑵　修繕時（修繕代金の支払時）

X2年5月15日，備品の修繕費¥60,000を普通預金より支払った（修繕引当金の残高は¥50,000）。

解答・解説

(1)	(借) 修繕引当金繰入	50,000	(貸) 修繕引当金	50,000
(2)	(借) 修繕引当金	50,000	(貸) 普通預金	60,000
	修繕費	10,000		

Ⅱ　契約に基づく費用収益の認識と引当金

1　費用・収益の認識

費用の認識は，給付（財またはサービス）の消費や使用にともない経済価値の減少が発生した時点で行うのが原則である（**発生主義**）。また，収益の認識は，給付（財またはサービス）の売上によって経済価値の増加が実現する時点で行うことが原則である（**実現主義**）。一方，国際会計基準への収斂（コンバージェンス）に伴い，近年わが国においては「収益認識に関する会計基準（適用指針）」（以下，**収益認識基準**）が公表され，契約を伴う収益の認識計上について，より厳密な規定が適用されることとなった。

2　収益認識のステップ

収益認識基準では，契約において約束した財またはサービス等の移転の履行義務を識別し，その取引価格を配分し，その履行義務を充足したときあるいは充足につれて収益を認識する。

(1)　収益認識のステップ

収益認識基準によれば，収益の認識は以下の①～⑤のステップが適用される（収益認識基準17）。

①顧客との契約を識別する

②契約における履行義務を識別する

③取引価格を算定する

④契約における履行義務に取引価格を配分する

⑤履行義務を充足した時，又は充足するにつれて収益を認識する

⑵ 取引価格

前述のステップ③における取引価格とは，財またはサービスの顧客への移転と交換に企業が権利を得ると見込む対価の額（ただし，第三者のために回収する額を除く）をいう。またその算定においては，変動対価，現金以外の対価を考慮するとともに，金利相当分の影響および顧客に支払われる対価のすべての影響を考慮して調整を行う（同基準8）。なお，変動対価とは，顧客と契約した対価のうち変動する可能性のある部分をいい，返品権付き販売，値引き，リベート契約等が変動対価を含む契約となる。

3 契約を伴う収益の認識と引当金

これまでポイント履行義務，売上割戻・値引履行義務や返品引取義務などの契約（約束）付きの売上高については，もとになる給付（財またはサービス）の販売時に売上高全体を収益として計上し，その履行義務は引当金として負債計上してきた。つまり，契約にもとづく収益を含めて認識計上（収益の早期一括計上）がなされてきたといえる。一方，収益認識基準によれば，その契約に関する収益部分はこれを負債として繰り延べて（繰延収益），契約義務の履行に伴って収益計上することになる（郡司2019，39頁）。

例題15-3

複数の顧客に対し，商品A（原価￥800）を1個￥1,200で300個現金販売する契約を結んだ。当社は，商品Aが未使用の場合，2週間以内であれば返品に応じ，全額を返金することにしているが，この商品の支配を顧客に移転した際に，それぞれ対価を受領した。なお，この売上のうち，3個の返品が見込まれる。この取引について，収益認識基準を⑴適用しない場合と，⑵適用する場合の仕訳を示しなさい。なお，当社の記帳方法は販売時に売上原価を商品勘定から売上原価勘定に振り替える方法を採用している。

解答・解説

(1)　適用しない場合

次のように仕訳される。

(借)	現　　　　金	360,000	(貸) 売　　　　上	360,000
	売 上 原 価	240,000	商　　　　品	240,000
	返品調整引当金繰入額	1,200	返品調整引当金	1,200

返品されると見込まれる3個分の商品Aの利益相当額について返品調整引当金として負債計上する（(1,200 − 800) × 3個 = 1,200)。

(2)　適用する場合

〈収益の計上〉

(借)	現　　　　金	360,000	(貸) 売　　　　上	356,400
			返 金 負 債	3,600

返品されると見込まれる3個分については返品を受けた際に顧客に返金する義務（返金負債）として負債計上する（1,200 × 3個 = 3,600)。

〈費用の計上〉

(借)	売 上 原 価	237,600	(貸) 商　　　　品	240,000
	返 品 資 産	2,400		

返品されると見込まれる3個分については返品を受けた際に顧客から商品Aを回収する権利（返品資産）として資産計上する（800 × 3個 = 2,400)。

第16章

税　　金

I　会社と税金

企業が事業を営むとき，国や地方公共団体に種々の税金を納めることになる。国に納めるべき税金は国税と呼ばれ，所得税，法人税，消費税，印紙税などがある。また，地方公共団体に納めるべき税金は地方税と呼ばれ，住民税，固定資産税，事業税，消費税などがある。

これらの税金を簿記において仕訳処理する場合には，「費用として計上される税金」と「利益に対して課せられる税金」に分けることができる。このいずれにも属さないが，企業が納めなければならない税金として，消費税と源泉所得税がある。これらは簡単に以下のように説明できる。

「費用として計上される税金」と「利益に対して課せられる税金」は，当期純利益の計算過程として損益計算書に記載されるが，消費税（税抜き処理を行っている場合）と源泉所得税については，通常，利益にかかわらない資産あるいは負債項目として処理される。したがって，損益計算書には記載されない。

1　費用として計上される税金

費用として計上される税金としては，固定資産税，事業税，印紙税，自動車税，登録免許税などがあげられる。期中でこれらの税金を納付した場合には「**租税公課」勘定**（費用）で借方記入し，仕訳処理する（p.140のⓐ参照）。

例題16-1

(1)　店舗として所有する建物に係る固定資産税¥78,000を現金にて支払った。

(2)　領収書を発行するあたり，¥200円の収入印紙を２枚購入して使用した。

解答・解説

(1)	(借) 租　税　公　課	78,000	(貸) 現　　　　金	78,000
(2)	(借) 租　税　公　課	400	(貸) 現　　　　金	400

(収入印紙の他，公的書類発行に要する証紙購入代も租税公課勘定を用いる)

2　企業（会社）の利益に課せられる税金

企業（会社）の当該年度の利益に課せられる税金には，法人税，住民税，事業税がある。これらは一般的には，法人３税と呼ばれ，企業（会社）に課される代表的な税金である。これらの３つの税金は，**法人税等**（または「法人税，住民税及び事業税」）として合算されて計上される。計上される納税額は，すべての収益からすべての費用を差し引き，確定決算により求められた利益をもとに計算された金額である。そして，確定決算上の利益に税務上の調整を行ったものが，課税所得（法人税のかかる会社の利益）となる。法人税等の納税額の計算は，課税所得金額にそれぞれの税率を乗じて計算される。この３つの税金の納税額は，税引前当期純利益におおむね30%を乗じた額と考えることができる。算出された納税額は，損益計算書の税引前当期純利益の下に，法人税等（または法人税，住民税及び事業税）として記載される。(p.140のⓑ参照)この時点では，納付されていないため，仕訳処理は「**未払法人税等**」勘定（負債）を用いて行う。申告・納付期限日まで（通常，決算終了後２カ月以内）に申告と納付を行った時点で，決算で計上された未払法人税等の支払処理を行うことになる。

法人税法により中間申告・納付を行っている法人は，中間納付額（仮払法人税等勘定）を控除した額が未払法人税等の額となる。法人税等納付総額が中間納付の額を下回った場合は，その差額が返金されることになる。この場合は，返金されるまで，**未収還付法人税等**（資産）として計上される。

例題16-2

税引前当期純利益は¥1,290,000，法人３税にかかる税率を30%とした。

法人税等納付総額　1,290,000 × 30% = 387,000

⑴　中間申告・納税を行っていない場合

（借）	法人税等	387,000	（貸）未払法人税等	387,000

期日までに法人税の申告を行い，普通預金より法人税の納付を行った。

（借）	未払法人税等	387,000	（貸）普通預金	387,000

⑵　中間申告により¥200,000の納付を行っていた場合

（借）	法人税等	387,000	（貸）未払法人税等	187,000
			仮払法人税等	200,000

期日までに法人税の申告を行い，普通預金より法人税の納付を行った。

（借）	未払法人税等	187,000	（貸）普通預金	187,000

⑶　中間申告により¥400,000の納付を行っていた場合

（借）	法人税等	387,000	（貸）仮払法人税等	400,000
	未収還付法人税等	13,000		

後日，¥13,000が指定の当座預金に入金された。

（借）	当座預金	13,000	（貸）未収還付法人税等	13,000

解答・解説

「費用として計上される税金」と「利益に対して課せられる税金」は，下記のようにまとめることができる。

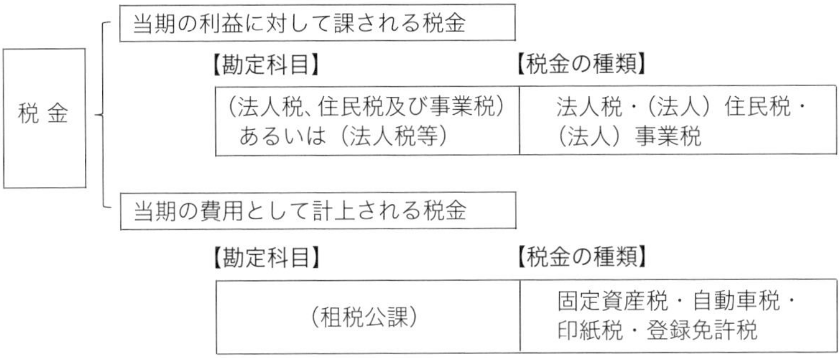

- 税金
  - 当期の利益に対して課される税金

【勘定科目】	【税金の種類】
（法人税、住民税及び事業税）あるいは（法人税等）	法人税・（法人）住民税・（法人）事業税

  - 当期の費用として計上される税金

【勘定科目】	【税金の種類】
（租税公課）	固定資産税・自動車税・印紙税・登録免許税

損益計算書（抜粋）

売上高		6,500
売上原価		4,300
売上総利益		2,200
販売費及び一般管理費		800
	給　料	
	交通費	
	消耗品費	
	ⓐ 租税公課［固定資産税・自動車税・印紙税・登録免許税等］	
	・ ・ ・	
営業利益		1,400
	営業外利益	40
	営業外費用	150
	・ ・	
税引前当期純利益		1,290
	ⓑ 法人税等（法人税，住民税及び事業税）［法人税・（法人）住民税・（法人）事業税］	387
当期純利益		903

(注)　税引前当期純利益・法人税等には，例題16－2の金額を用いている。

Ⅱ　消費税

企業は，法人税等と同様，期限内（通常，決算終了後２カ月以内）に消費税の確定申告と納付を行わなければならない。一般的に消費税の簿記上の処理は，税抜方式を用いて行われているため，前述の「費用として計上される税金」や，「利益に対して課せられる税金」とは異なる処理となる。

その理由は，消費税が税金を「納める人」と「負担する人」が異なる税金であることによる。このように負担者と納税者が異なる税金は間接税と呼ばれ，両者が同一の直接税（法人税，所得税等）と区別される。消費税の構造をシンプルにいうと，「消費税の負担者は消費者であるが，納めるのは2年前の売上が1,000万円を超える企業（事業者を含む）であり，当該企業は，利益に関係なく消費税を納税しなければならない」ということになる。企業が納めるべき消費税の納税額は，「売上にかかる消費税」から「仕入などの経費にかかる消費税」を引いた金額となる。この場合の「仕入などの経費」には，給料，社会保険料，減価償却費は含まれない。

通常，**税抜方式**では，期中における「売上にかかる消費税」は，「**仮受消費税**」勘定（負債），「仕入などの経費」にかかる消費税は，「**仮払消費税**」勘定（資産）を用いて処理される。決算時に仮受消費税と仮払消費税の額が相殺され，その差額は未払消費税勘定（負債）として計上される。計上された未払消費税額は，消費税の確定申告時に支払われる。

輸出取引を行っている場合等，仮受消費税勘定から仮払消費税勘定を相殺すると，その差額がマイナスになることがある。この場合は，手続きを行うことによって，負担した消費税が返金される（消費税の還付）こととなる。このときは，**未収還付消費税勘定**（資産）として計上され，後日入金される。

中間申告・納付を行っている場合の処理は，法人税等に準ずるものとなる。

例題16-3

(1)〜(4)の連続する取引について仕訳をしなさい。

(1) 商品¥600,000を仕入れ，代金は消費税¥60,000とともに小切手を振り出して支払った。

(2) (1)の商品を¥800,000で売り上げ，代金は消費税¥80,000とともに掛けとした。

(3) 決算に際して，納付すべき消費税額を未払消費税として計上した。

(4) 消費税の確定申告を行い，上記(3)の未払消費税を普通預金から支払った。

解答・解説

(1)	(借)	仕　　入	600,000	(貸)	当座預金	660,000
		仮払消費税	60,000			
(2)	(借)	売 掛 金	880,000	(貸)	売　　上	800,000
					仮受消費税	80,000
(3)	(借)	仮受消費税	80,000	(貸)	仮払消費税	60,000
					未払消費税	20,000
(4)	(借)	未払消費税	20,000	(貸)	普通預金	20,000

【消費税の処理】

例題16-4

⑴ 決算に際し消費税の計算を行ったところ，仮受消費税額¥20,000，仮払消費税額¥60,000であったため，還付の手続きを行った。

⑵ 税務署より，指定の当座預金口座に還付代金¥40,000が振り込まれた。

解答・解説

⑴	(借)	仮受消費税	20,000	(貸)	仮払消費税	60,000
		未収還付消費税	40,000			
⑵	(借)	当座預金	40,000	(貸)	未収還付消費税	40,000

Ⅲ　給与の源泉徴収

企業は，従業員への給料等の支給時に所得税分を天引き（差し引き）し，個人へ支払う。天引きされた所得税は，後日，企業が従業員個人に代わって納付する。これを源泉徴収制度といい，企業には源泉徴収義務がある。

源泉徴収分の記帳は，通常，納付時（支給時の翌月10日期限）まで，預り金勘定を用いて負債に計上される。

例題16-5

⑴ 給料¥400,000は，源泉徴収分¥11,360を差し引き普通預金から支払った。

⑵ 本日，源泉徴収分¥11,360を普通預金から支払った。

解答・解説

⑴	(借)	給料	400,000	(貸)	普通預金	388,640
					預り金	11,360
⑵	(借)	預り金	11,360	(貸)	普通預金	11,360

第17章

税効果会計

Ⅰ　税効果会計の目的

税効果会計は，企業会計上の資産または負債の額と課税所得計算上の資産または負債の額に相違がある場合において，法人税その他利益に関連する金額を課税標準とする税金（以下「法人税等」という）の額を適切に期間配分することにより，法人税等を控除する前の当期純利益と法人税等を合理的に対応させることを目的とする手続である（税効果会計基準第一）。

Ⅱ　税効果会計の基礎

1　一時差異等の認識

財務諸表の作成にあたり，貸借対照表に計上されている資産および負債の金額と課税所得計算の結果算定された資産および負債の金額との間に差額が生じる場合，この差額を一時差異という。法人税等については，一時差異に係る税金の額を適切な会計期間に配分し，計上しなければならない。

一時差異は，例えば，次のような場合に生じる。

① 収益または費用の帰属年度が相違する場合…例えば，減価償却費や引当金繰入額等の費用が，税務上，損金への算入が認められない場合など。

② 資産の評価替えにより生じた評価差額が純資産に直接計上され，かつ課税所得の計算に含まれていない場合…例えば，その他有価証券の評価差額の処理があげられる。

一時差異は，次の2つのものが区別される。

① 将来減算一時差異…当該一時差異が解消するときにその期の課税所得を減額する効果（前払税金の効果）をもつものであり，「**繰延税金資産**」勘定で処理する。

② 将来加算一時差異…当該一時差異が解消するときにその期の課税所得を増額する効果（未払税金効果）をもつものであり，「**繰延税金負債**」勘定で処理する。

2 法人税等

ここで，「法人税等」には法人税・都道府県民税・市町村民税・事業税が含まれる。法人税等に係る税効果の計算には実効税率が用いられる。実効税率は回収または支払が行われると見込まれる期の税率に基づいて計算される。なお回収または支払が行われる見込みについて毎期見直しを行わなければならない。

3 繰延税金資産，繰延税金負債，法人税等調整額

繰延税金資産および繰延税金負債は貸借対照表に記載される。また当期の法人税等の納付額は損益計算書に法人税等調整額によって調整される。

① 一時差異等に係る税金の額は，将来期間において回収または支払が見込まれない税金の額を除き，繰延税金資産または繰延税金負債として計上しなければならない（税効果会計基準第二・一）。

② 繰延税金資産と繰延税金負債の差額を期首と期末で比較した増減額は，当期に納付すべき法人税等の調整額として計上しなければならない。

ただし，資産の評価替えにより生じた評価差額が直接純資産の部に計上される場合には，当該評価差額から控除して計上する（税効果会計基準第二・二）。

重要性が乏しい一時差異等については，繰延税金資産および繰延税金負債を計上しないことができる（税効果会計基準注解・注4）。

4 繰延税金資産・繰延税金負債の表示方法

繰延税金資産については，将来の回収の見込みについて毎期見直しを行わなければならない（税効果会計基準第二・二・1）。

繰延税金資産および繰延税金負債等の表示方法に関しては次のとおり。

① 繰延税金資産は投資その他の資産の区分に表示し，繰延税金負債は固定負債の区分に表示する。

② 同一納税主体の繰延税金資産と繰延税金負債は，双方を相殺して表示する。これに対し，異なる納税主体の繰延税金資産と繰延税金負債は，双方を相殺せずに表示する（税効果会計基準の一部改正）。

Ⅲ　税効果会計の処理

1　引当金と税効果会計

引当金の設定時に引当金繰入額（費用）の損金算入が認められない場合の（将来減算）一時差異の処理について以下に検討しよう。

例題17-1

A社の税引前当期純利益は，第1期，第2期とも5,000千円であった。第1期に不良貸付金2,000千円が発生し，これについて引当金を設定したが，税務上損金に算入されなかった。第2期に，この2,000千円が，税務上損金算入された。税率は30%とする。

解答・解説

ここで，課税所得の計算（法人税申告書）は，税引前当期純利益に損金不算入額（第1期），損金算入額（第2期）をそれぞれ加減して算定表示される（単位：千円－以下，省略）。

納　税　申　告　書　　（単位：千円）

	第1期	第2期
申告調整前課税所得 （＝税引前当期純利益） 貸倒償却調整額	5,000 （＋）2,000	5,000 （－）2,000
調整後課税所得	7,000	3,000
法人税等（税率30%）	2,100	900

これに基づいて税効果会計適用後の損益計算書は，次のようになる。

損益計算書（税効果会計適用後）　（単位：千円）

	第１期	第２期
税引前当期順利益	5,000	5,000
法人税等	（－）2,100	（－）900
法人税等調整額	（＋）600	（－）600
税引後当期純利益	3,500	3,500

税効果会計の適用により，第１期に損金不算入の貸倒償却額（貸倒引当金繰入額）に関する税額（2,000 × 30% = 600）（一時差異×法定実効税率 = 税効果額）は，いわば前払税金に相当し，法人税等の金額から繰延控除する。第２期の損金算入に伴ってこれを法人税等に加算する。この処理は法人税等調整額を通じてなされる。

この場合，将来減算一時差異が生じるがその会計処理については，第１期では前払税金に相当する金額はこれを法人税等の金額から繰延控除するため，法人税等調整額に貸方記入し，繰延税金資産を計上する。

（借）繰延税金資産　600　（貸）法人税等調整額　600
（B/S 投資その他の資産の部）　（P/L 法人税，住民税及び事業税の後）

第２期では損金算入に伴い繰延税金資産から法人税等調整額へ振り替える。
（借）法人税等調整額　600　（貸）繰延税金資産　600

また，減価償却費に関しても，それが損金算入限度額を超える部分について税効果会計が適用される。減価償却費の損益不算入額は将来減算一時差異であり，繰延税金資産が計上される。したがって，上記の引当金繰入額と同様の処理がなされる。

2　その他有価証券評価差額金と税効果会計

その他有価証券の時価評価にともなって発生する評価差額は，一時差異について税効果会計が適用される。その他有価証券の時価評価にともなって発生するその他有価証券評価差額金は，一時差異として税効果会計が適用される。時価が取得原価よりも上回る場合，その評価差額はその他有価証券として借方に計上する。その評価差額に実効税率を乗じた額は繰延税金負債として，残りはその他有価証券評価差額金として貸方に計上する。時価が取得原価よりも低い場合，その評価差額はその他有価証券として貸方に計上する。借方には繰延税金資産とその他有価証券評価差額金とを計上する。

例題17-2

長期保有の2つの銘柄の株式AおよびBの原価と時価は次のようであった。このときの両株式の仕訳を示しなさい（法定実効税率30%とする)。

A株式：原価4,000千円：時価　6,000千円

B株式：原価6,000千円：時価　5,000千円

解答・解説

A株式については長期保有の有価証券（その他有価証券）の評価差額に関する未払税金部分の繰延（将来加算一時差異）であるから繰延税金負債として処理し，B株式はその他有価証券の評価差額に対する前払税金部分の繰延（将来減算一時）であるから繰延税金資産として処理する。

(1)　A株式の仕訳

(借)	その他有価証券	2,000	(貸)	その他有価証券評価差額金	1,400
				繰延税金負債	600

(2)　B株式の仕訳

(借)	その他有価証券評価差額金	700	(貸)	その他有価証券	1,000
	繰延税金資産	300			

第18章

外貨建取引

外貨建取引とは，売買価額その他取引価額が外国通貨で表示される取引をいう。外貨建取引には，①取引価額が外国通貨で表示されている物品の売買または役務の授受，②外国通貨による前渡金，仮払金の支払，または前受金，仮受金の受入などが含まれる（「外貨換算会計基準」注1)。財務諸表作成の際には,外貨建の資産および負債を自国通貨（日本円）に換算する必要がある。なお,本書では，主として外貨建の営業取引を中心に扱う。

I　取引発生時の処理

外貨建取引で発生または取得した資産および負債は，原則として取引発生時の為替相場による円換算額で記録する。

例題18-1

X2年2月20日，アメリカの仕入先より商品500ドルを仕入れ，代金は掛けとした（1ドル＝¥115)。

解答・解説

(借) 仕　入	57,500	(貸) 買 掛 金	57,500

※　500ドル×@¥115＝57,500

Ⅱ　決算時の処理

決算時において，外国通貨や外貨建金銭債権債務（外貨預金を含む）は，原則として，決算時の為替相場で換算替えをする。換算替えにともなって生じる差額は，当期の**為替差損益**として処理する。

例題18-2

次の項目について，決算時に必要な仕訳を行いなさい。決算時の為替相場は1ドル＝¥112である。

(1)売掛金　650ドル（取引発生時の為替相場：1ドル＝¥117）
(2)買掛金　500ドル（取引発生時の為替相場：1ドル＝¥115）
(3)前受金　150ドル（取引発生時の為替相場：1ドル＝¥110）

解答・解説

(1)（借）為替差損益　3,250　（貸）売　掛　金　3,250＊1

＊1　72,800（貸借対照表価額：650ドル×@¥112）－76,050
（帳簿価額：650ドル×@¥117）＝△3,250

(2)（借）買　掛　金　1,500＊2　（貸）為替差損益　1,500

＊2　56,000（貸借対照表価額：500ドル×@¥112）－57,500
（帳簿価額：500ドル×@¥115）＝△1,500

(3)　仕訳不要（前受金は外貨建金銭債権債務ではないので，決算時に換算替えをしない。なお，貸借対照表価額は¥16,500（150ドル×@¥110）である。）

Ⅲ　決済時の処理

外貨建債権債務の決済の際には，例えば掛代金の決済の際には，売掛金・買掛金を減額する処理をするとともに，現金等の支払額は決済時の為替相場で換算する。取引発生時の為替相場と決済時の為替相場が異なる場合，仕訳を行った際に生じる貸借差額を**為替差損益**として処理する。

例題18-3

X2年3月20日，例題18－1の買掛金500ドルを現金で支払った（1ドル＝¥110）。

解答・解説

(借) 買　掛　金	57,500＊3	(貸) 現　　　金	55,000＊4
		為替差損益	2,500＊5

＊3　500ドル×@¥115＝57,500
＊4　500ドル×@¥110＝55,000
＊5　57,500－55,000＝2,500（貸借差額）

例題18-3では決算日の前に外貨建債権債務の決済が行われたケースを扱ったが，外貨建取引発生日から決算日を経て，外貨建債権債務の決済日を迎えるケースについて検討する。

外貨建取引で取得された資産および負債は，その後の為替相場の変動により，決算日と決済日では異なる為替相場で換算替えされる。決算日での換算替えにより生じる差額を為替換算差損益といい，決済日での換算替えにより生じる差額を為替決済差損益という。この2つの差損益は**為替差損益**として処理される。外貨建の取引発生日から決済日に至る取引について，**一取引基準**と**二取引基準**という2つの会計処理方法がある。

一取引基準は，外貨建取引から代金決済取引までの取引を1つの取引とみなす考え方で，外貨建取引の金額は代金決済が終了するまで確定しない。

二取引基準は，外貨建取引と代金決済取引を別個の取引として考える。この場合，最初の外貨建取引で金額が確定するので，その後の為替相場の変動によって，決算日および決済日には換算替えによる為替差損益が計上される。わが国では，換算差額の処理について，原則として，二取引基準を採用することとしている（「外貨換算会計基準」一2⑵および3）。

例題18-4

(1)　X2年2月20日　アメリカの仕入先より商品500ドルを仕入れ，代金は掛とした（1ドル＝¥115）。

(2)　X2年3月31日　決算日につき必要な仕訳を行いなさい（1ドル＝¥109）。

(3)　X2年4月20日　買掛金500ドルの支払いを当座預金より行った（1ドル＝¥111）。

解答・解説

(1)（借）仕　　入　57,500　　（貸）買 掛 金　57,500

(2)（借）買 掛 金　3,000*6　　（貸）為替差損益　3,000

＊6　54,500（貸借対照表価額：500ドル×@¥109）－57,500（帳簿価額：500ドル×@¥115）＝△3,000

(3)（借）買 掛 金　54,500　　（貸）当座預金　55,500*7
　　　　為替差損益　1,000*8

＊7　500ドル×@¥111＝55,500

＊8　貸借差額

Ⅳ　為替予約の処理

外貨建取引を行う会社は，為替相場の変動によって外貨建債権の回収額が減少したり，また外貨建債務の支払額が増加し得るという**為替リスク**に直面している。海外売上高の比率の高いトヨタ自動車の場合，為替相場が対米ドルで1円円高に振れると営業利益を400億円押し下げることになる（『日本経済新聞』2019年5月9日付）。為替相場の変動は，外貨建取引を行う会社にとっては看過することのできない重大な問題となっている。為替リスクを回避するために，**為替予約**がよく利用される。

為替予約とは，将来ある時点で外貨と日本円が交換される為替相場をあらかじめ銀行との契約で決めておくことをいう。為替予約の会計処理は，外貨建取引と為替予約取引をどのように考えるのかにより，独立処理と振当処理の2つの処理方法がある。ここでは振当処理を扱う。

振当処理とは外貨建取引と為替予約取引を一体の取引とみなす処理方法をいう。振当処理には，「1　外貨建取引時に為替予約を行う場合」と，「2　外貨建取引後に為替予約を行う場合」の2パターンがある。

1　外貨建取引時に為替予約を行う場合

取引発生時には，外貨建金銭債権債務を為替予約時に決められた先物予約相場で計算する。外貨建金銭債権債務の決済額が先物予約相場で確定するので，仕入（または売上）の金額も先物予約相場で確定する。

決算時には，先物予約相場により外貨建債権債務の金額が確定しているため，換算替えのための仕訳は不要である。

決済時には，先物予約相場により外貨建債権債務を決済するための仕訳を行う。

例題18-5

⑴　X2年1月15日　アメリカの仕入先より商品600ドルを掛けで仕入れた。同日の直物為替相場は1ドル＝¥106である。掛代金は3カ月後（4月15日）に支払うこととし，為替予約を行った。同日の先物為替相場は1ドル＝¥108である。

⑵　X2年3月31日　決算日を迎えた。同日の直物為替相場は1ドル＝@109である。

⑶　X2年4月15日　買掛金600ドル（帳簿価額：64,800円）を現金で決済した。同日の直物為替相場は1ドル＝@111である

解答・解説

⑴（借）仕　　入　64,800　　（貸）買　掛　金　64,800[*9]

＊9　600ドル×@¥108＝64,800

⑵　仕訳不要

⑶（借）買　掛　金　64,800　　（貸）現　　金　64,800

2　外貨建取引後に為替予約を行う場合

外貨建取引時には，外貨建金銭債権債務を取引発生時の直物為替相場により換算する。

為替予約時には，外貨建金銭債権債務を予約時の先物為替相場に換算替えを行う。このときに生じた換算差額を為替差損益として処理する。

外貨建取引時に為替予約を行う場合と同様に，決算日においては，先物為替相場により外貨建債権債務の金額が確定しているため，仕訳は不要である。決済時も先物為替相場により外貨建債権債務の決済の仕訳を行う。

例題18-6

(1)　X2年1月15日　アメリカの仕入先より商品600ドルを掛で仕入れた。同日直物為替相場は1ドル＝¥106である。

(2)　X2年2月15日　(1)の買掛金600ドルについて1ドル＝¥108（予約時の先物為替相場）で為替予約を行った。同日の直物為替レートは1ドル＝¥107である。

(3)　X2年3月31日　決算日をむかえた。同日の直物為替相場は1ドル＝@109である。

(4)　X2年4月15日　買掛金600ドル（帳簿価額：64,800円）を現金で決済した。同日の直物為替相場は1ドル＝@111である。

解答・解説

(1)（借）仕　　入　63,600　（貸）買 掛 金　63,600*10

＊10　600ドル×@¥106＝63,600

(2)（借）為替差損益　1,200　（貸）買 掛 金　1,200*11

＊11　64,800（600ドル×@¥108（予約時の先物為替相場））－63,600（600ドル×@106（取引発生時の直物為替相場））＝1,200

(3)　仕訳不要

(4)（借）買 掛 金　64,800　（貸）現　　金　64,800

第19章

リース会計

Ⅰ　リース取引の定義と分類

1　リース取引

リース取引とは，特定の物件の所有者である貸手（レッサー）が，当該物件の借手（レッシー）に対し，合意された期間（以下，「リース期間」という）にわたりこれを使用収益する権利を与え，借手は，合意された使用料（以下，「リース料」という）を貸手に支払う取引である（リース会計基準4項）。

2　ファイナンス・リースとオペレーティング・リース

リース取引は，借手にとっては賃貸借契約により法的には所有権を持たないが，実質的にはリース取引の対象となる物件を売買することと同様の経済的効果を有する。このようなリース取引は**ファイナンス・リース取引**と**オペレーティング・リース取引**とに区分される。

ファイナンス・リース取引とは，次の2つの要件を満たすリース取引をいう（同基準5項）。

① リース契約に基づくリース期間の中途において解約することができないリース取引またはこれに準ずるリース取引で，

② 借手が，当該契約に基づき使用する物件（以下，「リース物件」という）からもたらされる経済的利益を実質的に享受し，かつ，当該リース物件の使用にともなって生じるコストを実質的に負担することになるリース取引をいう。

これに対し，オペレーティング・リース取引とは，ファイナンス・リース取引以外のリース取引をいう（同基準6項）。

Ⅱ　ファイナンス・リース取引の処理（利子抜き法）

1　リース資産およびリース債務の計上

借手は，リース取引開始日に，通常の売買取引に係る方法に準じた会計処理により，リース物件とこれに係る債務を**リース資産**および**リース債務**として計上する（同基準10項）。

（借）リース資産　　×××　　（貸）リース債務　　×××

2　リース資産およびリース債務の計上価額の算定

支払リース料総額の中には，リース物件の取得原価に相当する**見積現金購入価額**のほかに利息相当額が含まれる。リース資産およびリース債務の計上にあたって，その価額は，リース契約締結時に合意されたリース料総額からこれに含まれている利息相当額の見積額を控除した金額（見積現金購入価額）を用いる（同基準22項，広瀬2014，496頁）。

3　支払リース料の処理

リース料総額は，原則として，利息相当額部分とリース債務の元本返済額部分とに区分計算し，前者は支払利息として処理し，後者はリース債務の元本返済として処理する。全リース期間にわたる利息相当額の総額は，リース取引開始日におけるリース料総額とリース資産（リース債務）の計上価額との差額になる（同基準23項）。

（借）リース債務　　×××　　（貸）現 金 預 金　　×××
　　　支 払 利 息　　×××

4　利息相当額の各期への配分

利息相当額の総額をリース期間中の各期に配分する方法は，利息法と定額法があるが，ここでは定額法が用いられる。なお，利息法は，各期の支払利息相当額をリース債務の未返済元本残高に一定の利率を乗じて算定する方法であり，より上級の範囲で用いられる。

5　リース資産の償却

ファイナンス・リース取引に係るリース資産の減価償却費は，原則として，リース期間を耐用年数とし，残存価額をゼロとして算定する（同基準12項）。

（借）減価償却費	×××	（貸）リース資産減価償却累計額	×××

6　利子抜き法による会計処理

借手における所有権移転外ファイナンス・リース取引の会計処理について具体的な数値を用いて検討する（角ヶ谷2017，103-105頁）。

例題 19-1

(a)　リース取引開始日　X1年7月1日（決算日：12月31日）
(b)　リース取引　ファイナンス・リース取引
(c)　解約不能なリース期間　3年
(d)　借手の見積現金購入価額　¥8,100,000
(e)　年額リース料　¥3,000,000（支払いは各期間6月30日に現金で行う）
(f)　リース物件（備品）の経済的耐用年数　3年
(g)　借手の減価償却方法　定額法（残存価額はゼロ）
(h)　利息相当額の期間配分　定額法

解答・解説

借手において貸手の現金購入価額は明らかでないため，借手の見積現金購入価額をリース資産およびリース債務の計上価額とする。例題19-1の場合，見積現金購入価額の¥8,100,000が貸借対照表価額になる。また，リース料には利息相当部分と元本相当部分が含まれているので，定額法に基づくと次のように仕訳される。

(1) X1年7月1日（リース取引開始日）

（借）リース資産　8,100,000　　（貸）リース債務　8,100,000

(2) X1年12月31日（決算日・減価償却）

ファイナンス・リース取引に係るリース資産の減価償却費は，リース期間を耐用年数とし，残存価額をゼロとして算定する。よって，減価償却費の計算は¥8,100,000÷3年×6カ月÷12カ月＝¥1,350,000となる。

（借）減価償却費　1,350,000　　（貸）リース資産減価償却累計額　1,350,000

(3) X1年12月31日（決算日・見越処理）

利息の支払が翌期に行われるため，経過勘定項目である支払利息は見越処理を行う。

（借）支払利息　150,000　　（貸）未払利息　150,000

各期の利息相当額（¥300,000）＝
（リース料総額（¥9,000,000）－見積現金購入価額（¥8,100,000））÷3年
7月1日から12月31日までの利息相当額（¥150,000）＝
各期の利息相当額（¥300,000）×6カ月÷12カ月

(4) X2年1月1日（見越処理の期首振替）

（借）未払利息　150,000　　（貸）支払利息　150,000

(5) X2年6月30日（第1回リース料支払日）

（借）リース債務　2,700,000　　（貸）現金　3,000,000
　　　支払利息　300,000

各期の利息相当額（¥300,000）＝
（リース料総額（¥9,000,000）－見積現金購入価額（¥8,100,000））÷3年

各期の元本返済額（¥2,700,000）＝
各期のリース料（¥3,000,000）－利息相当額（¥300,000）

(6) X2年12月31日，X3年12月31日の各決算日
(2)，(3)と同様の会計処理を行う。

(7) X3年1月1日，X4年1月1日の各期首
(4)と同様の会計処理を行う。

(8) X3年6月30日，X4年6月30日の各リース料支払日
(5)と同様の会計処理を行う。

Ⅲ ファイナンス・リース取引の処理（利子込み法）

1 リース資産およびリース債務の計上価額の算定

リース料総額に重要性が乏しい場合，リース取引開始日においてリース資産およびリース債務の計上価額をリース契約締結時に合意されたリース料総額に含まれている利息相当額の合理的な見積額を控除しないで算定することができる（広瀬2014，496頁）。

2 利子込み法による会計処理

例題19-2

借手におけるファイナンス・リース取引（利子込み法）の会計処理について例題19-1を用いて検討する。

解答・解説

(1) X1年7月1日（リース取引開始日）

（借）リース資産　9,000,000　（貸）リース債務　9,000,000

リース料総額（¥9,000,000）＝各期のリース料（¥3,000,000）× 3年

(2) X1年12月31日（決算日）

（借）減価償却費　1,500,000　　（貸）リース資産　1,500,000
減価償却累計額

減価償却費（¥1,500,000）＝リース資産（¥9,000,000）÷３年×６カ月÷12カ月

(3) X2年6月30日（第１回リース料支払日）

（借）リース債務　3,000,000　　（貸）現　　金　3,000,000

(4) X2年12月31日，X3年12月31日の各決算日

(2)と同様の会計処理を行う。

(5) X3年6月30日，X4年6月30日の各リース料支払日

(3)と同様の会計処理を行う。

Ⅳ　オペレーティング・リース取引の処理

1　基本的な会計手続

オペレーティング・リース取引については通常の賃貸借取引に係る方法に準じて会計処理を行う（髙橋2009，41頁）。

（借）支払リース料×××　（貸）現金預金×××

2　オペレーティング・リース取引に関する会計処理

借手におけるオペレーティング・リース取引の会計処理について具体的な数値を用いて検討する（広瀬2014，503-504頁）。

例題19-3

(a) リース取引開始日　X1年４月１日（決算日：３月31日）

(b) リース取引　オペレーティング・リース取引

(c) 年額リース料　¥1,200,000（支払いは各期間末に現金で行う。）

(d) 支払方法　毎年３月31日　後払い（３回払い）

解答・解説

借手における賃貸借処理の仕訳を示すと，次のようになる。

⑴　X1年４月１日（リース取引開始日）

（仕訳なし）

⑵　X2年３月31日（第１回リース料支払日・決算日）

（借）支払リース料 1,200,000　　（貸）現　　　　金 1,200,000

⑶　X3年３月31日，X4年３月31日の各決算日

⑵と同様の会計処理を行う。

第20章

本支店会計

Ⅰ　本支店会計

企業の規模が拡大するとともに，企業は本店のほかに新たに支店を開設することがある。支店は，本店に従属する関係にはあるが，独立的に営業活動ができることから，営業所などとは異なる。支店の開設により，支店と本店との取引，支店相互間の取引，支店の決算などの処理を行うのが本支店会計である。

本支店会計の方法としては，**本店集中会計制度**と**支店独立会計制度**とがある。本店集中会計制度では，支店は独立した帳簿を持たず，支店で行われる取引は本店に報告し，本店はその支店の報告より，本店の帳簿に記録を行う方法である。

支店独立会計制度では，支店は本店とは独立した帳簿を設けて，支店で行われる取引について，そのすべてを支店の帳簿に記録する方法である。通常，本支店会計では支店独立会計制度を対象とする。

1　本店勘定と支店勘定

本支店間で取引が行われれば，本店と支店の間に債権・債務関係が生じたものとされる。この本支店間の取引を記録するために「**支店**」勘定と「**本店**」勘定を設ける。本店では，支店との取引を支店勘定で処理を行い，支店に対する債権の増加（債務の減少）は支店勘定の借方に記入し，債務の増加（債権の減少）は貸方に記入する。支店においては，本店との取引を本店勘定で処理を行い，本店に対する債権の増加は（債務の減少）は本店勘定の借方に記入し，本店に対する債務の増加（債権の減少）は，貸方に記入する。

本店・支店の各勘定は，本支店間の債権・債務を表すことから，支店勘定の残高と本店勘定の残高は，貸借逆で一致することになる。

例題20-1

⑴ 本店は支店を開設し，支店に現金¥20,000 備品¥70,000を委譲した。

⑵ 本店は支店の売掛金¥30,000を現金で回収した。

解答・解説

	本店会計	支店会計
⑴	（借）支店90,000 （貸）現金20,000 備品70,000	（借）現金20,000 （貸）本 店 90,000 備品70,000
⑵	（借）現金 30,000 （貸）支店 30,000	（借）本店 30,000 （貸）売掛金 30,000

2 商品取引

本店が支店に商品を発送する場合，または支店が本店に商品を発送する場合，いずれも，仕入原価で送付すれば，本支店間の中での商品の移動となる。この場合には，本店側では仕入勘定を貸方記入し，支店側では仕入勘定の借方に記入する。

例題20-2

本店は支店に対して，原価¥100,000の商品を送付した。

解答・解説

本店 （借）支　　店 100,000 （貸）仕　　入 100,000
支店 （借）仕　　入 100,000 （貸）本　　店 100,000

Ⅱ　支店相互間の取引

複数の支店が存在する場合，支店間相互の取引や支店と本店との取引が生じる。ここで生じる，支店間相互の取引には，**支店分散計算制度**と**本店集中計算制度**の２つの会計処理方法がある。

1　支店分散計算制度

この計算制度では，支店において他の支店の勘定を設けて，支店間相互の取引を，その相手方の支店勘定で処理する方法である。すなわち，支店間の取引について，相手方の支店名を付した支店勘定で処理し，支店間での取引を支店同士で直接行う方法である。

2　本店集中計算制度

この計算制度では，支店間相互取引を，一旦，本店を相手にして処理が行われたとみなす方法である。すなわち，支店間同士の取引が支店から本店を経由したかのように行い，支店において本店勘定を用いて処理が行われる。

支店分散計算制度では，本店側で支店間の取引の直接的な把握が困難であるが，この本店集中計算制度では，一旦本店を経由したかのように処理を行うことで，支店間の取引を把握でき，企業管理の観点から優れているといわれる。

例題20-3

次の取引について，支店分散計算制度と本店集中計算制度により本店および支店の仕訳をそれぞれ示しなさい。

A支店はB支店に現金￥15,000を送付し，B支店はこれを受け取った。

解答・解説

(1)　支店分散計算制度

A支店	(借) B　支　店	15,000	(貸) 現　　金	15,000
B支店	(借) 現　　金	15,000	(貸) A　支　店	15,000
本　店		仕訳なし		

(2)　本店集中計算制度

A支店	(借) 本　　店	15,000	(貸) 現　　金	15,000
B支店	(借) 現　　金	15,000	(貸) 本　　店	15,000
本　店	(借) B　支　店	15,000	(貸) A　支　店	15,000

Ⅲ　本支店合併財務諸表

1　本支店合併財務諸表の意義

決算において本店・支店はそれぞれ貸借対照表と損益計算書を作成する。さらに，本店・支店いずれも同一の企業であるため，支店も含めて企業全体の財政状態や経営成績を明らかにするために，本店と支店の財務諸表を合算した本支店合併財務諸表が作成される。

2　内部取引の相殺

本店勘定および支店勘定は，企業内での債権・債務を表しているのに過ぎないことから，外部報告ためには本支店合併財務諸表に表示する必要はない。そのため，本店勘定および支店勘定の残高を相殺消去する処理を行う。

3　本支店合併財務諸表の作成

本支店合併財務諸表を作成には，期末決算修正事項，内部取引の相殺を行い合併貸借対照表と合併損益計算書を作成する。

例題20-4

C社の期末残高試算表より，本支店合併貸借対照表と本支店合併損益計算書を作成しなさい。

〔資料1〕決算整理前残高試算表

残　高　試　算　表

（単位：円）

借方	本店	支店	貸方	本店	支店
現金	30,000	4,000	支払手形	8,500	4,200
売掛金	20,000	11,000	買掛金	8,200	2,500
繰越商品	6,000	1,500	貸倒引当金	250	180
備品	85,000	35,000	減価償却累計額	950	700
土地	44,000	21,000	本店		50,000
支店	50,000		資本金	150,000	
仕入	100,000	72,000	繰越利益剰余金	25,000	
支払家賃	30,000	6,000	売上	172,100	92,920
	365,000	150,500		365,000	150,500

〔資料2〕決算整理事項

① 期末商品棚卸高　　本店 ¥4,000　　支店 ¥2,500

② 売掛金の期末残高に対して２％の貸倒れを見積もる（差額補充法）

③ 備品の減価償却費　　本店¥ 800　　支店 ¥420

解答・解説

貸 借 対 照 表

(単位：円)

資 産	借 方	負債及び純資産	貸 方
現 金	34,000	支 払 手 形	12,700
売 掛 金	31,000	買 掛 金	10,700
繰 越 商 品	6,500	貸 倒 引 当 金	620
備 品	120,000	減価償却累計額	2,870
土 地	65,000	資 本 金	150,000
		繰越利益剰余金	79,610
	256,500		256,500

損 益 計 算 表

(単位：円)

費 用	借 方	収 益	貸 方
期首商品棚卸高	7,500	売 上	265,020
仕 入	172,000	期末商品棚卸高	6,500
貸倒引当金繰入	190		
減 価 償 却 費	1,220		
支 払 家 賃	36,000		
当 期 純 利 益	54,610		
	271,520		271,520

第21章

連結会計

Ⅰ　連結財務諸表と一般原則・基準

1　企業集団

今日の企業の経済活動は，法的に独立した1社ではなく，複数の法的に独立した会社が一体となって行われていることが多い。これを企業集団化という(野村2008，151頁)。会社組織の再編による社内事業部の分社化，新規事業進出のための他社の支配権獲得，海外進出における在外現地国子会社の設立など，経済活動の多角化・国際化の進展により，独立した会社ごとに作成される個別財務諸表では，企業の経済活動の全容を把握することは困難である。特に，純粋持株会社の場合，他社の管理・支配が目的で設立され，主たる事業活動を行っていないため，純粋持株会社の個別財務諸表では事業活動の実態を把握することは極めて困難である。

そのため，複数の会社から構成される**企業集団**を１つの組織体として捉えることが重要になる。企業集団を１会計単位として作成される財務諸表は**連結財務諸表**（consolidated financial statements）と呼ばれる。

企業集団は支配従属関係にある2つ以上の会社，すなわち**親会社**（parent company）と**子会社**（subsidiary company）から構成される。親会社は他の企業の意思決定機関（株主総会その他これに準ずる機関）を支配する側の企業をいい，子会社は支配される側の企業をいう。

2　連結財務諸表の一般原則

連結財務諸表は，主に，連結貸借対照表，連結損益および包括利益計算書（連結損益計算書・連結包括利益計算書），連結株主資本等変動計算書などから構成される。

個別財務諸表作成について，「企業会計原則」に一般原則があげられているように，「連結財務諸表に関する会計基準」（以下，連結会計基準，と記す）には連結財務諸表作成について4つの一般原則，すなわち，真実性の原則，個別財務諸表基準性の原則，明瞭性の原則および継続性の原則が明示されている。

真実性の原則，明瞭性の原則および継続性の原則は，「企業会計原則」一般原則と整合した内容となっている。

個別財務諸表基準性の原則は，連結会計基準特有の原則である。この基準では，連結財務諸表は親会社および子会社の個別財務諸表を基礎に作成されること，そして親会社および子会社の個別財務諸表は一般に公正妥当と認められる企業会計の基準に準拠して作成されること，が要求されている（連結会計基準，第10項）。

3　連結財務諸表の一般基準

連結会計基準では，一般基準の中で連結財務諸表作成にあたり注意しなければならない，連結の範囲，連結決算日および親子会社の会計方針について定めている。

(1)　連結の範囲

親会社は，原則としてすべての子会社を連結の範囲に含めなければならない（連結会計基準，第13項）。子会社の判定基準として，親会社が直接・間接的に議決権の過半数を所有しているか否かにより判定を行う**持株基準**と，実質的な支配関係の有無によって子会社の判定を行う**支配力基準**がある。連結会計基準では，支配力基準を採用している。

連結会計基準では，(i)他の企業の議決権の過半数を自己の計算において所有している企業，(ii)他の企業の議決権の所有割合が過半数以下の場合でも，実質的に支配関係が認められる企業が子会社として扱われる（連結会計基準，第7項）。

なお，更生会社，破産会社その他これらに準ずる会社であって，かつ，有効な支配関係が存在しないと認められる企業は子会社に含まれない。

また，子会社であっても，支配が一時的であると認められる企業や，当該企業以外の企業であって，連結することにより利害関係者の判断を著しく誤らせるおそれのある企業は，連結の範囲から除外される（連結会計基準，第14項）。

(2)　連結決算日

連結財務諸表の作成にあたり，会計期間は1年とし，連結決算日は親会社の決算日とする。子会社の決算日と連結決算日が異なる場合，子会社は連結決算日に正規の決算に準ずる合理的な手続により個別財務諸表を作成する（連結会計基準，第15～16項）。

ただし，決算日の差異が3カ月以内の場合，子会社の正規の決算を基礎として連結決算を行うことができる（連結会計基準，注4）。

(3)　親会社および子会社の会計方針

同一環境下で行われた同一の性質の取引等について，親会社および子会社が採用する会計方針は原則として首尾一貫していることが要求される（連結会計基準，第17項）。

4　連結貸借対照表の作成基準

連結貸借対照表は，親会社および子会社の個別貸借対照表における，資産，負債および純資産の金額を基礎とし，子会社の資産および負債の評価，連結会社相互間の投資と資本，および債権と債務の相殺消去を行って作成する（連結会計基準，第18項）。

子会社の資産および負債は，支配獲得日の時価により評価する（**全面時価法**）。子会社の資産および負債の時価による評価額と当該資産および負債の個別貸借対照表上の金額との差額（評価差額）は子会社の資本とする（連結会計基準，第20～21項）。

(1)　投資と資本の相殺消去

親会社の（子会社に対する）投資とこれに対応する子会社の資本は，相殺消去する。相殺消去にあたり，借方に差額が生じた場合の差額は，**のれん**として処理する（連結会計基準，第24項）。

貸方に生じる差額は，**負ののれん**と呼ばれる。負ののれんは，子会社の株式を割安な価格で取得した，子会社の資産および負債の評価が不適切であった，などの原因で生じると考えられる。そのため，負ののれんが発生したときには，子会社の資産および負債の評価の見直しを行い，必要な修正処理を行う。それでも，負ののれんが生じる場合は，当該差額を**負ののれん発生益**（収益）として処理する（連結会計基準，第24項；企業結合会計基準，第33項）。

例題21-1

P社は，X1年3月31日にS社の発行済株式100%を¥1,400で取得し，S社の支配権を獲得した。必要な連結修正仕訳（投資と資本の相殺消去）を行い，支配獲得日における連結貸借対照表を作成しなさい。

《資料》 P社・S社の個別貸借対照表

貸 借 対 照 表

X1年3月31日

（単位：円）

資 産	P社	S社	負債・純資産	P社	S社
諸 資 産	5,000	2,000	諸 負 債	1,800	800
S社株式	1,400	—	資 本 金	3,000	1,000
			利益剰余金	1,600	200
	6,400	2,000		6,400	2,000

解答・解説

（連結修正仕訳）

（借）	資 本 金	1,000	（貸）	S 社 株 式	1,400
	利益剰余金	200			
	の れ ん	200			

連結貸借対照表

X1年3月31日　(単位：円)

資産	金額	負債・純資産	金額
諸資産	7,000	諸負債	2,600
のれん	200	資本金	3,000
		利益剰余金	1,600
	7,200		7,200

例題21-2

例題21-1において，P社がS社の発行済株式100%を¥1,100で取得した場合の連結修正仕訳を行いなさい。

解答・解説

(借)	資本金	1,000	(貸) S社株式	1,100
	利益剰余金	200	負ののれん発生益	100

(2) 非支配株主持分

例題21-1および21-2では，親会社が子会社を100%支配する場合を扱った。親会社による子会社の所有割合が100%未満の場合，子会社の株主には，親会社のほかに**非支配株主**が存在することになる。このとき，子会社の資本のうち親会社に帰属しない部分は，**非支配株主持分**として処理される（連結会計基準，第26項）。すなわち，子会社の資本は，親会社株主に属する部分と非支配株主に帰属する部分に分け，前者は親会社の投資と相殺消去し，後者は非支配株主持分として処理する（連結会計基準，注7）。

例題21-3

例題21-1において，P社がS社の発行済株式75%を¥1,000で取得した場合の連結修正仕訳を行いなさい。

解答・解説

(借)	資本金	1,000	(貸) S社株式	1,000
	利益剰余金	200	非支配株主持分	300*1
	のれん	100*2		

＊1 (2,000 (S社諸資産) − 800 (S社諸負債)) × 25% = 300
＊2 貸借差額

5 連結損益計算書等の作成基準

連結損益計算書と連結包括利益計算書を別個に作成する2計算書方式と両者を1つに合わせて作成する連結損益および包括利益計算書を作成する1計算書方式がある。これらの計算書は，親会社および子会社の損益計算書等における収益，費用等の金額を基礎として，連結会社相互間の取引高の相殺消去，および**未実現損益**等の消去を行って作成されることになる（連結会計基準，第34項）。

(1) 連結会社相互間の取引高の相殺消去

連結会社相互間における商品の売買その他の取引は，企業集団内の内部取引であるため，相殺消去される（連結会計基準，第35項）。

連結会社間の売買取引であれば，売上高と売上原価が相殺される。同様に利息の授受があれば，受取利息と支払利息が相殺される。そして，配当金の授受があれば，受取配当金と配当金が相殺される。

(2) 未実現利益の消去

連結会社間相互間の取引によって取得した棚卸資産，固定資産その他に含まれる未実現損益は，その全額を消去する（連結会計基準，第36項）。

① 商品売買取引

連結会社間では，商品の売買や役務の授受が行われている。連結会社間で売買された商品が決算日において企業集団内に在庫として残っている場合，企業集団内で商品の場所が移動したに過ぎない。連結会社間で利益が加算されて取引されている場合，未実現の利益が期末商品に加算されているので，消去する必要がある。

(イ)　ダウンストリーム

親会社が子会社へ商品を販売する取引を**ダウンストリーム**という。ここでは子会社の期末商品は親会社の加算した利益分だけ金額が多く計上され，その同額分だけ売上原価は少なく計上されている。そのため，未実現利益の分だけ，商品（棚卸資産）を減額させる（貸方に記入する）とともに，売上原価を増額させる（借方に記入する）処理を行う。

例題21-4

P社はS社の発行済株式75%を所有している。S社の期末商品のうちP社からの仕入分が¥600ある。P社は，原価に20%の利益を加算してS社に商品を販売している。必要な連結修正仕訳を行いなさい。

解答・解説

(借) 売　上　原　価　　100　　(貸) 棚　卸　資　産　　100

未実現利益: $600 \times \frac{0.2}{1.2} = 100$

(ロ)　アップストリーム

子会社が親会社へ商品を販売する取引を**アップストリーム**という。ダウンストリームと同様の処理を行う。子会社に非支配株主が存在する場合には，未実現利益は，親会社と非支配株主の持分比率に応じて，親会社の持分と非支配株主の持分に配分する。未実現利益だけ子会社の純利益が減少するので，減少分は子会社所有割合に基づき親会社と非支配株主に負担させる。

例題21-5

P社はS社の発行済株式75%を所有している。P社の期末商品のうちS社からの仕入分が¥840ある。S社は，原価に20%の利益を加算してP社に商品を販売している。必要な連結修正仕訳を行いなさい。

解答・解説

(借)	売上原価	140	(貸) 棚卸資産	140*3
	非支配株主持分	35	非支配株主に帰属する当期純利益	35*4

*3　$840 \times \dfrac{0.2}{1.2} = 140$

*4　$140 \times 25\% = 35$

② 固定資産（非償却性固定資産）の売買

連結会社間で，商品と同様に固定資産も売買されることがある。連結会社間で売買された固定資産が決算日において企業集団内に残っている場合，未実現の損益（固定資産売却益または固定資産売却損）が固定資産に加算または減算されているので，消去する必要がある。

建物や備品のように減価償却を行う償却性固定資産の場合は減価償却費の修正も必要になる。ただし，ここでは土地のように減価償却を行わない非償却性固定資産を扱う。

(イ) ダウンストリーム

親会社から子会社へ固定資産を売却した場合，親会社の個別損益計算書には未実現の固定資産売却益（または固定資産売却損）が計上される。子会社の個別貸借対照表には，未実現の売却損益の分だけ，固定資産の金額が過大（または過小）に記載されることになる。そのため，未実現の売却損益を消去するとともに，固定資産の金額を修正するための処理が必要となる。

例題21-6

P社はS社の発行済株式75%を所有している。P社は，S社に対して，帳簿価額¥1,000の土地を¥1,100で売却し，固定資産売却益を¥100計上している。必要な連結修正仕訳を行いなさい。

解答・解説

(借)	固定資産売却益	100	(貸) 土地	100

(ロ)　アップストリーム

ダウンストリームの場合と同様に，子会社の個別損益計算書に計上されている未実現の固定資産売却益（または固定資産売却損）を消去するとともに，親会社の貸借対照表に記載されている固定資産の金額を修正する。子会社に非支配株主が存在する場合には，未実現の損益は，親会社と非支配株主持分の持分比率に応じて，親会社の持分と非支配株主の持分に配分する。

例題21-7

P社はS社の発行済株式75%を所有している。S社は，P社に対して，帳簿価額¥500の土地を¥560で売却し，固定資産売却益を¥60計上している。必要な連結修正仕訳を行いなさい。

解答・解説

(借)	固定資産売却益	60	(貸)	土　　地	60
	非支配株主持分	15		非支配株主に帰属する当期純利益	15*5

＊5　60×25%＝15

Ⅱ　連結会計の処理

例題21-1における支配獲得日（X1年3月31日）後の1年目の処理，すなわち，(1)開始仕訳，(2)のれんの償却，(3)子会社純損益の振替，および(4)子会社配当金を扱う。

1　開始仕訳

連結財務諸表は親会社および子会社の個別財務諸表を基礎に作成される。当期の親会社および子会社の個別財務諸表には，過年度に行われた連結修正仕訳が反映されていない。そのため，当期の連結財務諸表作成に際し，支配獲得日から前期末までに行われた連結修正仕訳を改めて行う必要がある。これを開始仕訳という。開始仕訳を行う際，純資産に関する項目は連結株主資本等変動計算書上の科目を用いるため，純資産に関する項目に「期首残高」を付ける。

例題21-8

P社は，前期末（X1年3月31日），S社の発行済株式75％を1,000円で取得し，S社の支配権を獲得した。当期首における開始仕訳を行いなさい（決算日：3月31日）。

《資料》支配獲得日（X1年3月31日）のP社・S社の個別貸借対照表

貸　借　対　照　表

X1年3月31日

（単位：円）

資　産	P社	S社	負債・純資産	P社	S社
諸　資　産	5,000	2,000	諸　負　債	1,400	800
S社株式	1,000	—	資　本　金	3,000	1,000
			利益剰余金	1,600	200
	6,000	2,000		6,000	2,000

解答・解説

（借）	資本金期首残高	1,000	（貸）S　社　株　式	1,000
	利益剰余金期首残高	200	非支配株主持分期首残高	300
	の　れ　ん	100		

2　のれんの償却

のれんは，20年以内のその効果のおよぶ期間にわたって，定額法その他合理的な方法により規則的に償却する（企業結合会計基準，第32項）。

例題21-9

例題21-8において，前期末（X1年3月31日）に取得したのれんを10年で均等額償却する。

解答・解説

（借）のれん償却　10　（貸）の　れ　ん　10

100÷10年＝10

3　子会社純損益の振替

子会社の当期純損益で非支配株主に帰属する部分は，非支配株主持分に振り替える。当該部分は非支配株主持分を増減させるとともに，**非支配株主に帰属する当期純利益**（または**純損失**）として処理する。

例題21-10

P社は前期末（X1年3月31日）にS社の支配権を獲得した（所有割合75%）。X2年3月31日における，S社の当期純利益は¥500であった。S社の当期純利益のうち非支配株主に帰属する部分を振り替える。

解答・解説

（借）非支配株主に帰属する当期純利益　125＊6　（貸）非支配株主持分　125

＊6　500×25%＝125

4　子会社配当金の修正

子会社が親会社に配当金を支払った場合，子会社の利益剰余金が減額されるとともに，親会社の個別損益計算書には受取配当金が計上されることになる。配当金の授受は連結企業間では内部取引となるため，相殺消去する。すなわち，連結株主資本等変動計算書上の科目である配当金（剰余金の配当）を用いて，親会社の受取配当金を消去する処理が行われる。

なお，子会社に非支配株主が存在する場合，子会社が非支配株主に支払った配当金の金額だけ非支配株主持分を減額させる。

例題21-11

Ｐ社は前期末（X1年３月31日）にＳ社の支配権を獲得した（所有割合75%）。Ｓ社は当期中に配当金¥200を支払った。X2年３月31日において必要な連結修正仕訳を行いなさい。

解答・解説

(借)	受取配当金	150＊7	(貸) 配当金	200
	非支配株主持分	50＊8		

＊7　200 × 75% = 150

＊8　200 × 25% = 50

Ⅲ　連結精算表

連結財務諸表は，親会社および子会社の個別財務諸表を合算し，必要な修正処理を行い，作成される。連結財務諸表が作成される一連の手続を表にまとめものが**連結精算表**である。

例題21-12

次の資料に基づき，X2年3月31日付けのＰ社の連結精算表を完成させなさい。

(1)　X1年3月31日，Ｐ社はＳ社の発行済み株式75%を¥1,000で取得し，支配権を獲得した。同日におけるＰ社とＳ社の個別財務諸表は次のとおりである。

貸借対照表

X1年3月31日

（単位：円）

資産	Ｐ社	Ｓ社	負債･純資産	Ｐ社	Ｓ社
諸資産	5,000	2,000	諸負債	1,400	800
Ｓ社株式	1,000	―	資本金	3,000	1,000
			利益剰余金	1,600	200
	6,000	2,000		6,000	2,000

⑵　X2年3月31日におけるP社とS社の個別貸借対照表，個別損益計算および個別株主資本等変動計算書は次のとおりである。

貸　借　対　照　表

X2年3月31日

（単位：円）

資　産	P社	S社	負債・純資産	P社	S社
諸　資　産	6,100	2,100	諸　負　債	1,200	600
S社株式	1,000	—	資　本　金	3,000	1,000
			利益剰余金	2,900	500
	7,100	2,100		7,100	2,100

損　益　計　算　書

X1年4月1日～X2年3月31日

（単位：円）

資　産	P社	S社
諸　収　益	11,850	3,000
受取配当金	150	—
諸　費　用	8,500	2,500
当期純利益	3,500	500

株主資本等変動計算書（利益剰余金の部分のみ）

X1年4月1日～X2年3月31日

（単位：円）

	P社	S社		P社	S社
配　当　金	2,200	200	利益剰余金期首残高	1,600	200
利益剰余金期末残高	2,900	500	当　期　純　利　益	3,500	500
	5,100	700		5,100	700

⑶　のれんは，S社の支配獲得後，償却期間10年の定額法で償却する。

⑷　当期中に支払ったP社とS社の配当金は，それぞれ￥2,200と￥200である。

解答・解説

連　結　精　算　表

（単位：円）

科　　目	個別財務諸表（X2年3月31日）		修正・消去		連結財務諸表
	P社	S社	借　方	貸方	
貸借対照表					
諸資産	6,100	2,100			8,200
S社株式	1,000			1,000	
のれん			100	10	90
合　計	7,100	2,100			8,290
諸負債	1,200	600			1,800
資本金	3,000	1,000			3,000
利益剰余金	2,900	500			3,115
非支配株主持分					375
合　計	7,100	2,100			8,290
損益計算書					
諸収益	11,850	3,000			14,850
受取配当金	150		150		
諸費用	8,500	2,500			11,000
のれん償却			10		10
当期純利益	3,500	500			3,840
非支配株主に帰属する当期純利益			125		125
親会社株主に帰属する当期純利益	3,500	500			3,715
株主資本等変動計算書					
資本金期首残高	3,000	1,000	1,000		3,000
資本金期末残高	3,000	1,000			3,000
利益剰余金期首残高	1,600	200	200		1,600
配当金	2,200	200		200	2,200
親会社株主に帰属する当期純利益	3,500	500			3,715
利益剰余金期末残高	2,900	500			3,115
非支配株主持分期首残高				300	300
非支配株主持分当期変動額			50	125	75
非支配株主持分期末残高					375

まず，連結精算表の修正・消去欄に例題21-8から21-11までの仕訳を記入する。次に，連結損益計算書，連結株主資本等変動計算書，最後に連結貸借対照表の順に作成する。連結損益計算書で算定された親会社株主に帰属する当期純利益￥3，715を連結株主資本等変動計算書の欄に記入する（点線の矢印）。そして，利益剰余金期末残高を算出する。同様に，非支配株主持分期末残高も連結株主資本等変動計算書上で計算して求める。資本金期末残高については，X2年３月期には資本金の変動がなかったので，そのまま資本金期首残高の金額を記入する。

株主資本等変動計算書の資本金期末残高，利益剰余金期末残高および非支配株主持分期末残高の金額を，それぞれ連結貸借対照表の資本金，利益剰余金および非支配株主持分に記入する（実線の矢印）。

Ⅳ　連結財務諸表の作成

連結財務諸表は，金融商品取引法で要求される開示書類（目論見書，有価証券届出書および有価証券報告書）のなかで記載される。なお，会社法では連結計算書類と呼ばれる。ここでは，主に連結財務諸表の表示を取り上げる。

1　連結貸借対照表の表示

連結貸借対照表の表示は，個別貸借対照表の表示と同様である。すなわち，連結貸借対照表の表示様式には，勘定式と報告式の２種類がある。連結貸借対照表は，資産の部，負債の部と純資産の部に分けられる。さらに，資産の部は流動資産,固定資産と繰延資産に,負債の部は流動負債と固定負債に区分される。

ただし，連結貸借対照表の純資産の表示項目は下図のように個別貸借対照表と異なる。

個別貸借対照表上の表示

株主資本	資本金	
	資本剰余金	資本準備金
		その他資本剰余金
	利益剰余金	利益準備金
		その他利益剰余金
	自己株式	
評価・換算差額等		
新株予約権		

連結貸借対照表上の表示

株主資本	資本金
	資本剰余金
	利益剰余金
	自己株式
その他の包括利益累計額	
新株予約権	
非支配株主持分	

（出所）大阪商工会議所（2016），65頁をもとに筆者が作成。

主な相違点は次の３つ。

- 資本剰余金と利益剰余金は，個別貸借対照表ではその内訳が表示されるが連結貸借対照表では一括して表示される。
- 個別貸借対照表の評価・換算差額等は，連結財務諸表ではその他の包括利益累計額と表示される。
- 非支配株主持分が，新たに連結貸借対照表の資産の部の末尾に表示される。

2　連結損益計算書の表示

連結損益計算書の表示も基本的に個別損益計算書と同様である。表示様式も勘定式と報告式がある。ただし，個別損益計算書と異なる箇所は次のとおりである。

- 売上原価の内訳は，連結損益計算書では表示されない。
- のれん償却は販売費及び一般管理費に表示され，負ののれん発生益は特別利益に表示される。
- 特別利益・特別損失から下の項目が下記の図表のとおり異なる。すなわち，個別損益計算書の税引前当期純利益は法人税等調整前当期純利益と表示される。そして，連結損益計算書では，当期純利益から非支配株主持分に帰属する当期純利益を差し引いて親会社株主に帰属する当期純利益が計算される。

個別損益計算書上の表示

特　別　利　益	××
特　別　損　失	××
税引前当期純利益	××
法人税，住民税及び事業税	××
当期純利益	××

連結損益計算書上の表示

特　別　利　益	××
特　別　損　失	××
法人税等調整前当期純利益	××
法人税，住民税及び事業税	××
当期純利益	××
非支配株主に帰属する当期純利益	××
親会社株主に帰属する当期純利益	××

3　連結株主資本等変動計算書の表示

連結株主資本等変動計算書は，連結貸借対照表の純資産の部の一会計期間における変動額を報告するために作成される。連結株主資本等変動計算書の表示も個別株主資本等変動計算書と同様である。ただし，連結株主資本等変動計算書の表示区分は，連結貸借対照表の純資産の部の表示区分に従うため，非支配株主持分の変動を記入する欄が設けられる。

例題21-13

例題21-12と同じ条件でＰ社の連結貸借対照表，連結損益計算書および連結株主資本等変動計算書（利益剰余金の部分のみ）を作成しなさい。

解答・解説

連結精算書と同様に，連結損益計算書，連結株主資本等変動計算書，そして連結貸借対照表の順に作成する。

連結損益計算書

P社　　X1年4月1日～X2年3月31日　　(単位：円)

諸収益	14,850
諸費用	11,000
のれん償却	10
当期純利益	3,840
非支配株主に帰属する当期純利益	125
親会社株主に帰属する当期純利益	3,715

連結株主資本等変動計算書 (利益剰余金の部分のみ)

P社　　X1年4月1日～X2年3月31日　　(単位：円)

配当金	2,200	利益剰余金期首残高	1,600
利益剰余金期末残高	3,115	親会社株主に帰属する当期純利益	3,715
	5,315		5,315

連結貸借対照表

P社　　X2年3月31日　　(単位：円)

資産	金額	負債･純資産	金額
諸資産	8,200	諸負債	1,800
のれん	90	資本金	3,000
		利益剰余金	3,115
		非支配株主持分	375
	8,290		8,290

補章

キャッシュ・フロー計算書・財務諸表分析の基礎

I　キャッシュ・フロー計算書

1　キャッシュ・フロー計算書の意義

これまでの章では貸借対照表と損益計算書に関する簿記会計を中心に検討してきた。今日，キャッシュ・フロー計算書は貸借対照表・損益計算書とともに基本財務諸表として位置づけられ，**第三の財務諸表**ともいわれる。これらの3つの計算書は，財務諸表三本化とか会計三表あるいは財務三表とか称され，現代では三表は同等・対等のものとして扱われるべきことが説かれる。これら3つの基本財務諸表について，その作成表示目的を中心にみれば次のように示される。

① 貸借対照表 ― 期末時点の財政状態 ＜財務の状況＞

② 損益計算書 ― 当期の経営成績 ＜損益の状況＞

③ キャッシュ・フロー計算書 －当期のキャッシュ・フローの状況 ＜収支の状況＞

これより明らかなように，貸借対照表のみが期末時点の状態を表示するのに対し，他の2つの計算書は期中取引ないし期間の状況に関する報告からなる。

2　キャッシュ・フロー計算書とキャッシュの概念

キャッシュ・フロー計算書におけるキャッシュとは次のような**現金および現金同等物**（cash and cash equivalent）を意味する（連結キャッシュ・フロー会計基準第二，注2）。

(1) 現金…手許現金および要求払預金（普通預金，当座預金，通知預金等）

(2) 現金同等物…容易に換金可能であり，かつ価値の変動について僅少なリスクしか負わない短期投資である。これには，例えば，満期日または償還日が3カ月以内の定期預金，譲渡性預金，コマーシャル・ペーパー（短期無担保の割引約束手形），公社債投資信託等がある。また，当座借越は負の現金同等物として扱われる。

3　キャッシュ・フロー計算書の表示区分

キャッシュ・フロー計算書において，キャッシュ・フローは，次の3つの区分に分けて表示される（同基準第二,二）。⑴営業活動によるキャッシュ・フロー，⑵投資活動によるキャッシュ・フロー，⑶財務活動によるキャッシュ・フロー

⑴　営業活動によるキャッシュ・フローの表示方法

その表示方法には，次の直接法と間接法との2つの方法がある。

⒜ 直接法 ―主要な取引ごとに収入総額と支出総額を表示する方法

⒝ 間接法 ― 純利益に必要な調整項目を加減して表示する方法

間接法は，より具体的には税引前当期純利益に非資金損益項目，営業活動に係る資産および負債の増減等を加減して表示する方法である。そこで，この場合，税引前当期純利益から開始する形式によっているので，法人税等の支払額は独立の項目として明示する。

⑵　投資活動・財務活動によるキャッシュ・フローの表示方法

投資活動および財務活動によるキャッシュ・フローの区分では，間接法は採用されない。つまり主要な取引ごとにキャッシュ・フローを総額表示する方法すなわち直接法が採用される。

4　キャッシュ・フロー計算書の内容

⑴　直接法によるキャッシュ・フロー計算書

直接法によるキャッシュ・フロー計算書に関しては，例えば次のような内容があげられる（同基準様式1，様式2参照）。

Ⅰ　営業活動によるキャッシュ・フロー（直接法）
① 営業収入，原材料・商品の仕入支出，人件費支出，その他の営業支出 ② 利息および配当金の受取額，利息の支払額，法人税等の支払額 ＝営業活動によるキャッシュ・フロー
Ⅱ　投資活動によるキャッシュ・フロー
有価証券取得支出・売却収入，有形固定資産取得支出・売却収入， 投資有価証券取得支出・売却収入，貸付支出，貸付金回収収入
Ⅲ　財務活動によるキャッシュ・フロー
短期・長期借入収入，短期・長期借入金返済支出，社債発行収入， 社債償還支出，株式発行収入，自己株式取得支出，配当金支払額
Ⅳ　現金及び現金同等物に係る換算差額 Ⅴ　現金及び現金同等物の増加額（または減少額） Ⅵ　現金及び現金同等物期首残高 Ⅶ　現金及び現金同等物期末残高

⑵　間接法における調整項目

「営業活動によるキャッシュ・フロー」を間接法によって表示する場合，次のような項目があげられる。

① 税引前当期純利益，減価償却費等，貸倒引当金増加額，受取利息・受取配当金，支払利息，有形固定資産売却益，売上債権増加額，棚卸資産減少額，仕入債務減少額
② 利息･配当金の受取額，利息支払額，法人税等の支払額（直接法と同じ）
＝営業活動によるキャッシュ・フロー

間接法の場合，より具体的には税引前当期純利益から出発して，次のような項目について調整する（同基準・実務指針参照）。

① 非資金項目

（+）非現金費用項目…減価償却費，のれん償却額，貸付金関係貸倒引当金増加額

（−）非現金収益項目…持分法による投資利益

② 営業活動に係る資産・負債の増減

（+）営業関係負債増加・資産減少…棚卸資産減少額

（−）営業関係資産増加・負債減少…売上債権増加額，仕入債務減少額

③ 「投資活動・財務活動によるキャッシュ・フロー」の区分に含まれるキャッシュ・フローに関連して発生した損益項目（非営業損益項目）

（+）発生費用・損失項目…支払利息・損害賠償損失

（−）発生収益・利益項目…受取利息・受取配当金・固定資産売却益

なお，（+）はプラス調整（増加要因），（−） はマイナス調整（減少要因）を意味する。あとは直接法と同様，利息および配当金の受取額，利息の支払額，損害賠償金支払額，法人税等の支払額を加減して営業活動によるキャッシュ・フローが求められる。

5 キャッシュ・フロー計算書の作成

次のような例題を用いて直接法によるキャッシュ・フロー計算書と，間接法による営業活動キャッシュ・フローについて検討しよう。

例題 補-1

以下の資料に基づいて，①直接法によるキャッシュ・フロー計算書を作成し，②間接法による「営業活動によるキャッシュ・フロー」の計算を示しなさい（単位：千円）。

〈資料〉

売上高	3,000	売掛金増加高	400
売上原価	1,700	棚卸資産増加高	250
販売費・一般管理費	400	買掛金増加高	150
うち減価償却費	70	未払法人税等	60
税引前当期純利益	900	借入金増加高	160
法人税等	300	株式購入	200

解答・解説

① 直接法

直接法の場合は以下のような計算により営業収入と営業支出（仕入支出およびその他の営業支出）を計算することができる。

営業収入＝売上高－売掛増＝3,000 － 400 ＝ 2,600（現金売上）

仕入支出＝売上原価＋棚卸資産増－買掛金増

　　　　＝ 1,700 ＋ 250 － 150 ＝ 1,800（現金仕入）

その他の営業支出＝販売費一般管理費 － 減価償却費

　　　　＝ 400 － 70 ＝ 330（現金営業費）

法人税等支払額＝法人税等－未払法人税＝ 300 － 60 ＝ 240

また，株式購入は証券投資支出であり，借入金収入は財務活動収入である。

〈キャッシュ・フロー計算書〉

Ⅰ　営業活動によるキャッシュ・フロー	
営業収入	2,600
仕入支出	△1,800
その他の営業支出	△330
小　　計	470
法人税等支払額	△240
営業活動によるキャッシュ・フロー	230
Ⅱ　投資活動によるキャッシュ・フロー	
有価証券取得支出	△200
投資活動によるキャッシュ・フロー	△200
Ⅲ　財務活動によるキャッシュ・フロー	
借入金収入	160
財務活動によるキャッシュ・フロー	160
現金及び現金同等物の増加額	190

② 間接法による営業活動によるキャッシュ・フロー（調整計算表）

Ⅰ　営業活動によるキャッシュ・フロー	
税引前当期純利益	900
減価償却費	70
買掛金増加高	150
売掛金増加高	△400
棚卸資産増加高	△250
小　　計	470
法人税等支払額	△240
営業活動によるキャッシュ・フロー	230

＊減価償却費（＝非現金費用）および買掛金増加高は（営業）収入増加要因であり，売掛金増加高および棚卸資産増加高は（営業）収入減少要因である。

Ⅱ　財務諸表分析の基礎

財務諸表を分析することによって財務諸表がいかなる意味を持ち，どのような情報が得られるかが一層鮮明になる。それによって，企業の利害関係者が，将来行動の指針となり，意思決定に役立つ情報を提供することができる。ここでは，おもに損益計算書に関わる収益性と，貸借対照表に関わる財務健全性を中心に見ておこう。

1　収益性

営利企業にとって収益性の向上は最も総合的で重要な指標である。収益性は，短期的には企業の純利益の額で判断されるが，長期的には資本利益率（＝利益÷資本）で示される。しかも，この資本利益率は，この式の分母・分子に売上高を導入することにより，次のような売上高利益率と資本回転率とに分解することができる。

資本利益率　＝　売上高利益率　×　資本回転率

$$\frac{\text{利益}\uparrow}{\text{資本}\downarrow} = \frac{\text{利益}}{\text{売上高}} \times \frac{\text{売上高}}{\text{資本}}$$

これより収益性を向上させるには，利益を増大させることと資本を節約することが重要であることが解る。そして利益を増大させ，資本を節約するという目標を同時に達成するには費用（原価）を節約することが重要である。

このような資本利益率において利益および資本についてはいろいろな項目が使用されるが，ここでは損益計算書と貸借対照表を中心にみれば次のようなものが考えられるであろう。

⑴ 利益［営業利益・経常利益・当期純利益］

⑵ 資本［自己資本（純資産）・総資本（負債・純資産合計＝資産合計）］

そこで，これらの組み合わせにおいて重要と思われる比率（指標）をあげておこう。なお，総資本回転率は総資本が売上高によってどの程度回収されているか，資本の効率性を示すとみることができる（郡司2015，6頁）。

収益性		主要項目・指標	算定式
収益性	営業収益力	売上高営業利益率	(営業利益 ÷ 売上高) ×100
	経営収益力	売上高経常利益率	(経常利益 ÷ 売上高) ×100
	資　本 収益性	総資本経常利益率	(経常利益 ÷ 総資本) ×100
		総資本当期純利益率	(当期純利益 ÷ 総資本) ×100
	資本効率性	総資本回転率	(売上高 ÷ 総資本)

もちろん自己資本（純資産あるいは株主資本）利益率も所有主（株主）の立場からは重要であるが，投資家や経営者等の各種利害関係者にとっては総資本利益率のほうがより重要である。

2　財務健全性 ―流動性と安定性―

貸借対照表では流動性配列法がとられる。そして，流動資産と流動負債との比較により，流動性ないし短期支払能力が明らかとなる。また，固定資産等と負債・純資産との比較によって安定性が明らかとなる。

(1)　流動性

とくに，流動資産と流動負債とを対比する流動比率は，100％以上であることが望まれる。しかし，流動資産であっても棚卸資産は流動負債の返済に直接充足することは通常できないため，より厳密には当座資産が流動負債を返済できるほどに十分大きいことが望まれる。これは当座比率によって示される（当座流動性）。さらに現金預金や短期換金社債等が流動負債を返済するほどに十分大きいことが望まれる（手元流動性）。しかし，手元流動性は高すぎても現金等を効果的に運用していない，配当に回すべきなどという批判がなされることがある。

(2)　安定性

安定性に関しても固定資産と負債・純資産との関係をめぐって各種の比率があげられるが，ここでは一応次の2つをあげておこう。1つは，固定資産がどの程度長期資本（固定負債・純資産）とくに純資産によって調達されているかを示す，固定比率（＝固定資産÷純資産）あるいはその逆数である固定資産純資産比率である。固定比率の場合は低いほど良いが，固定資産純資産比率の場合は高いほど良く100％を超えると安定性が非常に高いとみられる。他の２つは，自己資本比率（＝自己資本÷総資本）が50％以上であれば，自力経営度が高く，50％以下であればむしろ借金経営度が高いと判断することができよう。これは総資本純資産比率等によって具体的に示すことができる。

財務健全性		項目・指標	算定式
財務健全性	流動性 当座流動性	流動比率	(流動資産 ÷ 流動負債) ×100
		当座比率	(当座資産 ÷ 流動負債) ×100
	安定性 自力経営度	固定資産純資産比率*	(純資産 ÷ 固定資産) ×100
		総資本純資産比率	(純資産 ÷ 総資本) ×100

3　その他の分析

以上はあくまでも収益性および財務健全性のおおまかな指標・比率であり，より詳細な分析によってさらに有用な情報が得られることになる。この他にも，各項目について前期の数値と当期の数値とを比較することによって成長性に関する情報が得られる。また，2期間以上の費用・売上高数値を用いて損益分岐点を算定する利益構造，資産・売上高数値を用いて資本回収点を算定する資本構造の分析や，これを応用して利益計画や資本構造計画（資金計画）の策定に役立てることも考えられる。

Ⅲ　貸借対照表・損益計算書の主要項目

ここで参考までに株式会社の貸借対照表と損益計算書の主要項目（勘定科目）について列挙しておこう。

1　貸借対照表の主要項目

(1)　流動性配列法

貸借対照表は流動性の高いものから順に配列・表示するという，流動性配列法が一般に採用される。他方，わが国電力会社や欧州企業では，固定資産・固定負債（あるいは純資産）から配列する固定性配列法も採用されている。

⑵　資産・負債・純資産の区分と内容

ところで流動資産は，ときに当座資産・棚卸資産・その他の流動資産に区分されることがある。これに対し，固定資産は，①有形固定資産，②無形固定資産，③投資その他の資産に区分することが求められる。また，純資産は，①株主資本，②評価・換算差額等，③新株予約権に区分される。これより，次のような資産・負債・純資産の区分と内容（勘定科目）が例示されうる。

〈資産・負債・純資産の区分と主要項目〉

<table>
<tr><td colspan="2" rowspan="3">流動資産</td><td>（当座資産）現金預金，受取手形，売掛金，有価証券</td></tr>
<tr><td>（棚卸資産）商品，製品，仕掛品・半製品，原材料等</td></tr>
<tr><td>（その他）前払金，短期前払費用，未収収益</td></tr>
<tr><td rowspan="3">固定資産</td><td>有形固定資産</td><td>建物設備，機械・装置，車両運搬具，工具器具及び備品，土地，建設仮勘定，その他</td></tr>
<tr><td>無形固定資産</td><td>のれん，特許権，借地権，商標権，実用新案権，意匠権，鉱業権，漁業権，ソフトウェア，その他</td></tr>
<tr><td>投資その他の資産</td><td>関係会社株式，投資有価証券，出資金，長期貸付金，長期前払費用，繰延税金資産，その他</td></tr>
<tr><td colspan="2">繰 延 資 産</td><td>創立費，開業費，株式交付費，社債発行費等，開発費</td></tr>
<tr><td rowspan="2">負債</td><td>流動負債</td><td>支払手形，買掛金，短期借入金，未払金，未払費用，前受金，前受収益，預り金，引当金（短期），その他</td></tr>
<tr><td>固定負債</td><td>社債，長期借入金，引当金（長期），繰延税金負債，その他</td></tr>
<tr><td rowspan="3">純資産</td><td>株主資本</td><td>資本金，資本剰余金，利益剰余金，自己株式</td></tr>
<tr><td>評価・
換算差額等</td><td>その他有価証券評価差額金，繰延ヘッジ損益，土地再評価差額金等</td></tr>
<tr><td colspan="2">新株予約権</td></tr>
</table>

2　損益計算書の主要項目

(1)　損益計算書の区分

損益計算書は，次のように区分される。

① 営業損益計算：営業収益－営業費用＝営業利益

② 経常損益計算：営業利益＋(営業外収益－営業外費用)＝経常利益

③ 純 損 益 計 算 ：経常利益＋(特別利益－特別損失)＝当期純利益

(2)　損益計算書の表示

〈損益計算書の具体的な内容〉

営業収益	売上高・受取手数料
売上原価	＝期首棚卸高＋当期仕入高（製造原価）－期末棚卸高
売上総利益	＝営業収益（売上高）－売上原価
販売費	広告宣伝費，販売促進員旅費・給料，荷造費，運搬費，販売手数料，営業債権の貸倒引当金繰入額等
一般管理費	事務員給料，営業・一般管理部門の減価償却費，修繕費等
営業利益	＝営業収益（売上高）－営業費用（売上原価・販売費・一般管理費）
営業外収益	受取利息，有価証券利息，受取配当金，有価証券売却益，有価証券評価益，償却債権取立益等
営業外費用	支払利息，有価証券売却損，有価証券評価損，非営業債権（貸付金等）の貸倒引当金繰入額（貸倒損失）等
	繰延資産（創立費，開業費，開発費等）の償却
経常利益	＝営業利益＋(営業外収益－営業外費用)
特別利益	固定資産売却益，投資有価証券売却益，負ののれん発生益等
特別損失	固定資産売却損，投資有価証券売却損，減損損失，災害損失等
当期純利益	税引前当期純利益＝経常利益＋(特別利益－特別損失)
	税引後当期純利益＝税引前当期純利益－法人税等（±法人税等調整額）

3　連結財務諸表の区分表示

(1)　連結貸借対照表の区分表示

連結貸借対照表の純資産の部は，株主資本（資本金・資本剰余金・利益剰余金・自己株式），その他の包括利益累計額，新株予約権，非支配株主持分に区分する。個別貸借対照表の純資産の部と比較して，「その他の包括利益累計額」における為替換算調整勘定および退職給付に係る調整累計額と，「非支配株主持分」とが加わる。

連結貸借対照表の区分表示

（資 産 の 部）	（負 債 の 部）
Ⅰ 流動資産	Ⅰ 流動負債
現金及び預金	支 払 手 形
受 取 手 形	買 掛 金
売 掛 金	前 受 金
棚 卸 資 産	·······
前 渡 金	流動負債合計
·······	Ⅱ 固定負債
流動資産合計	社　　債
Ⅱ 固定資産	長期借入金
1 有形固定資産	退職給付引当金
建物および付属設備	繰延税金負債
機械・装置	固定負債合計
土　　地	負債合計

・・・・・・・	（純 資 産 の 部）
2 無形固定資産	Ⅰ 株主資本
の れ ん	1 資 本 金
特 許 権	2 資本剰余金
商 標 権	3 利益剰余金
・・・・・・・	4 自 己 株 式
3 投資その他の資産	株主資本合計
関係会社株式	Ⅱ その他の包括利益累計額
長期貸付金	1 その他有価証券評価差額金
繰延税金資産	2 繰越ヘッジ損益
・・・・・・・	3 為替換算調整勘定
固定資産合計	4 退職給付に係る調整累計額
Ⅲ 繰延資産	その他の包括利益累計額
・・・・・・・	Ⅲ 新株予約権
繰延資産合計	Ⅳ 非支配株主持分
資産合計	純資産合計
	負債・純資産合計

(2) 連結損益及び包括利益計算書

これに関しては，**1計算書方式**（連結損益及び包括利益計算書）と，**2計算書方式**（連結損益計算書および連結包括利益計算書）が認められている。ここでは，連結財務諸表における包括利益は，2計算書方式と1計算書方式についてみれば，下記のように示される（包括利益会計基準参考2.参照）。

包括利益の表示例

（単位：千円）

2計算書方式		1計算書方式	
〈連結損益計算書〉		〈連結損益及び包括利益計算書〉	
売上高	15,000	売上高	15,000
…………	×××	…………	×××
税金等調整前当期純利益	2,000	税金等調整前当期純利益	2,000
法人税等	800	法人税等	800
当期純利益	1,200	当期純利益	1,200
非支配株主に帰属する当期純利益	200	（内訳）	
親会社株主に帰属する当期純利益	1,000	親会社株主に帰属する当期純利益	1,000
〈連結包括利益計算書〉		非支配株主に帰属する当期純利益	200
当期純利益	1,200		
その他の包括利益：		その他の包括利益：	
その他有価証券評価差額金	400	その他有価証券評価差額金	400
繰延ヘッジ損益	250	繰延ヘッジ損益	250
為替換算調整勘定	△150	為替換算調整勘定	△150
その他の包括利益合計	500	その他の包括利益合計	500
包括利益	1,700	包括利益	1,700
（内訳）		（内訳）	
親会社株主に係る包括利益	1,420	親会社株主に係る包括利益	1,420
非支配株主に係る包括利益	280	非支配株主に係る包括利益	280

【主要参考文献】

新井益太郎・太田哲三『新簿記原理』中央経済社，1979年
大阪商工会議所『ビジネス会計検定試験公式テキスト２級（第4版）』中央経済社，2016年
興津裕康『企業簿記（第２版）』森山書店，2010年
興津裕康・岡野憲治『簿記原理』白桃書房，2009年
菊谷正人他『高度会計人のための初級簿記テキスト』創成社，2010年
岸悦三・中田清・山口忠昭『入門簿記』同文舘出版，1998年
北川ワタル監修『税金のしくみと手続きがわかる事典』三修社，2018年
郡司健『財務諸表会計の基礎』中央経済社，2012年（第3刷，2015年修正）
郡司健「伝統的経営分析体系の現状と発展」日本経営分析学会編『新版経営分析事典』税務経理協会，2015年
郡司健編著『簿記会計のエッセンス』晃洋書房，2016年
郡司健『現代会計の基礎と応用』中央経済社，2019年
阪本安一『改訂要解簿記』国元書房，1977年
阪本安一『会計学概論』国元書房，1969年
佐藤信彦編著『３級商業簿記』白桃書房，2012年
佐藤信彦・角ヶ谷典幸編著『リース会計基準の論理』税務経理協会，2009年
実教出版企画開発部編『最新段階式　日商簿記検定問題集３級　四訂版』実教出版，2019年
社団法人全国経理教育協会編『全経簿記上級商業簿記・会計学テキスト（第７版）』中央経済社，2019年
情報会計研究会『初級簿記のテキスト』アセットマネジメント，2013年
陣川公平『勘定科目の処理がすぐにできる事典』日本実業出版社，2007年
髙橋聡稿「日本のリース会計基準の分析 -レシーの会計-」佐藤信彦・角ヶ谷典幸編著『リース会計基準の論理』税務経理協会，2009年
武田隆二『簿記一般教程（第７版）』中央経済社，2008年
角ヶ谷典幸「リース会計」全国経理教育協会編『全経簿記上級商業簿記・会計学テキスト（第６版）』中央経済社，2017年
西中間浩『日本一やさしい税法と税金の教科書』日本実業出版社，2019年
西村勝志『簿記原理』晃洋書房，2009年

新田忠誓他『会計学・簿記入門（新訂第14版）』白桃書房，2019年
新田忠誓他『エッセンス簿記会計（第15版）』森山書店，2019年
野村健太郎『現代財務会計（四訂新版）』税務経理協会，2008年
蛭川幹夫『日商簿記ゼミ３級教本』実教出版，2019年
広瀬義州『財務会計［第12版］』中央経済社，2014年
森美智代『簿記の基礎－簿記からExcelによる経営分析－改訂版』税務経理協会，2007年
森下清隆『税務・経理の仕事便利帳（第５版）』法学書院，2018年
安平昭二『簿記－その教育と学習』中央経済社，1992年
安平昭二『企業簿記の理論と実際』東京経済情報出版，1990年
安平昭二・郡司健訳『ケーファー　簿記・貸借対照表論の基礎』中央経済社，2006年
横山和夫著『現代企業簿記会計（第３版）』中央経済社，2004年
渡部裕亘・片山覚・北村敬子編著『検定簿記講義３級商業簿記（2019年度版）』中央経済社，2019年
渡部裕亘・片山覚・北村敬子編著『検定簿記講義２級商業簿記（2019年度版）』中央経済社，2019年

【主要参考資料】

企業会計審議会「企業会計原則・同注解」（最終改正：昭和57年４月20日）
企業会計審議会「連結財務諸表原則・同注解」（改正：平成９年６月６日）：［連結原則］
企業会計審議会「外貨建取引等会計処理基準」（最終改正：平成11年10月22日）：［外貨換算会計基準］
企業会計審議会「連結キャッシュ・フロー計算書等の作成基準」（平成10年３月13日）：［連結キャッシュ・フロー会計基準］
企業会計審議会「税効果会計に係る会計基準」（平成10年10月30日）：［税効果会計基準］
企業会計基準第５号「貸借対照表の純資産の部の表示に関する会計基準」（改正：平成25年９月13日）：［純資産会計基準］
企業会計基準第６号「株主資本等変動計算書に関する会計基準」（改正：平成25年９月13日）：［株主資本等変動計算書会計基準］
企業会計基準第９号「棚卸資産の評価に関する会計基準」（改正：平成20年９月26日）：

［棚卸資産会計基準］
企業会計基準第10号「金融商品に関する会計基準」（最終改正：平成20年３月10日）：［金融商品会計基準］
企業会計基準第13号「リース取引に関する会計基準」（改正：平成19年３月30日）：［リース会計基準］
企業会計基準第15号「工事契約に関する会計基準」（平成19年12月27日）：［工事契約会計基準］
企業会計基準第21号「企業結合に関する会計基準」（最終改正：平成25年9月13日）：［企業結合会計基準］
企業会計基準第22号「連結財務諸表に関する会計基準」（最終改正：平成25年9月13日）：［連結会計基準］
企業会計基準第25号「包括利益の表示に関する会計基準」（改正：平成25年9月13日）：［包括利益会計基準］
企業会計基準第28号「税効果会計に係る会計基準」の一部改正（平成30年2月16日）：［税効果改正基準］
企業会計基準第29号「収益認識に関する会計基準」（平成30年3月30日）：［収益認識基準］
企業会計基準委員会「修正国際基準の適用」（最終改正：2017年10月31日）：［修正国際基準］
「金融商品取引法」（最終更新：平成29年６月２日）：［金商法］
「財務諸表等規則（財務諸表等の用語，様式及び作成方法に関する規則）」（最終改正：平成30年3月23日／６月８日）：［財規］
「連結財務諸表規則（連結財務諸表の用語，様式及び作成方法に関する規則）」（最終改正：平成30年3月23日／６月８日／９月30日）：［連結財規］
「日本商工会議所 HP　サンプル問題」
「これだけは知っておきたい税務入門（EY 新日本有限責任監査法人）」
https://www.shinnihon.or.jp/about-us/entrepreneurship/　（2018.10.8参照）

索　引

■あ行

■か行

■さ行

■た行

■な行

■は行

■ま行

■や行

■ら行

【執筆者紹介】

郡司　　健（ぐんじ　たけし）　1章・補章，編集担当
大阪学院大学経営学部教授

加納　輝尚（かのう　てるまさ）12章・13章・15章，編集担当
昭和女子大学グローバルビジネス学部准教授

伊賀　　裕（いが　ゆたか）　2章・14章・20章，編集担当
大阪学院大学非常勤講師，大阪電気通信大学非常勤講師，愛知工業大学博士後期課程単位取得満期退学（研究生）

今西　義行（いまにし　よしゆき）7章・9章・10章
税理士・近畿大学非常勤講師，関西学院大学大学院経営戦略研究科修了

小川　宗彦（おがわ　むねひこ）　3章
税理士・滋賀県立大学非常勤講師・行政書士

芝田　全弘（しばた　たけひろ）18章・21章
福山平成大学経営学部教授

鈴木　浩二（すずき　こうじ）17章
税理士

田中　延幸（たなか　のぶゆき）4章・5章・6章・8章
大阪学院大学短期大学部教授

谷口　美智代（たにぐち　みちよ）11章・16章
大阪学院大学経営学部講師，税理士

宮井　幸亮（みやい　こうすけ）19章
税理士・近畿大学非常勤講師

現代簿記会計の基礎

2020年 3 月30日　第 1 版第 1 刷発行

編著者　郡司　健
　　　　加納輝尚
　　　　伊賀　裕

発行者　山本　継

発行所　㈱中央経済社

発売元　㈱中央経済グループパブリッシング

〒101-0051　東京都千代田区神田神保町1-31-2
電話　03（3293）3371（編集代表）
03（3293）3381（営業代表）
http://www.chuokeizai.co.jp/

印刷／文唱堂印刷㈱
製本／㈲井上製本所

ISBN978-4-502-34381-0　C3034